知ってトクする70の新常識

住宅ローン&マイホームの税金がスラスラわかる本 2024

監修 西澤京子・
菊地則夫（税理士法人スマートシンク）

CONTENTS

第4章 住宅ローンの借り方&返し方

第5章 自分にぴったりの資金計画を探す

第6章 マイホームに関わる税金

編集・執筆：田方みき
デザイン・イラスト：梶谷聡美
印刷・製本：大日本印刷

第1章

まず何から始めたらいい？

住宅ローンを借りる前に

そろそろ家を買おうかな、と思ってはいても、具体的に何をしたらいいのかわからない……。そんな人は多いはず。第１章では、マイホーム取得のスタートラインに立つ前に、知っておきたいこと、しておきたいことをご紹介しましょう。

INTRODUCTION

お金のこと、いろいろ教えて！

そろそろ家が欲しい、と考えている尾内星子《おうちほしこ》さん。
資金計画を立てなければ、とは思っているけど
実は、お金のことは大の苦手…。
さあ、どうしたらいいのでしょう？

星子さん　今、私たち家族は賃貸マンション暮らし。このまま家賃を払い続けるのももったいないし、そろそろ家が欲しいな、って考えています。でも、マンションがいいのか、一戸建てがいいのか、それすらも決まっていない状態……。お金のことも早く考えなくちゃ、とは思っているのですが、ローンとか税金とか難しそう。そこで、専門家に相談することにしました。わからないこと、いろいろ質問してきます！

Profile

尾内 星子さん

（おうち　ほしこ）

30歳。35歳の夫、5歳の長女の3人家族。今は家賃10万円の賃貸マンション暮らし。マイホームが欲しいけど、お金のことが心配で、なかなか行動に移せずにいる。

ローンのこと、税金のこと、私たちが解説します！

【税金担当】

菊地則夫さん

税理士法人スマートシンク
代表税理士

得意分野は相続税や不動産税務。
「『住まいと暮らしの税金』のプロフェッショナル集団、税理士法人スマートシンクの代表として日々、マイホーム問題に取り組んでいます」
編・著書に『相続の手続と節税がぜんぶわかる本』（あさ出版）、『不動産業実務の手引 別巻』（大成出版社）、『あなたの住まいの震災対策Q&A』（清文社）。雑誌等への寄稿多数。

ホームページ
税理士法人スマートシンク
https://www.smtt.co.jp/
税金電話相談
連絡先　TEL 03-6300-9501

【住宅ローン担当】

西澤京子さん

CFP®認定者
(日本ファイナンシャルプランナーズ協会会員)

1級ファイナンシャル・プランニング技能士、宅地建物取引士、住宅ローンアドバイザー。大手保険会社、デベロッパー、不動産販売会社、FPオフィス代表を経て現在は不動産関連会社勤務。
「複数の会社で経験したマンション販売のノウハウと資格を生かし、住宅購入を検討する方を支援するファイナンシャルプランナーとして、また住宅ローンの専門家として、現在は主に執筆や監修などを通じて買い手と売り手のサポートに取り組んでいます」

連絡先　TEL 04-2962-6329
E-MAIL　nishizawa_jk@ybb.ne.jp

さっそく、次頁からのQ&Aへ！

マイホームに関わるお金について、わからないこと、
不安なことを星子さんがお金の専門家に相談しに行きます。
相談内容は、基本だけどどれも大切なことばかり。
みなさんも星子さんといっしょに、勉強していきましょう！

QUESTION 01

借りる前に

お金のこと、知らないと損？

Q

家を買うときのお金のことって難しそう…。
知っていても知らなくても違わないなら
できれば勉強したくないなあ、というのが本音。
知らないと、損をしたりするのでしょうか？

A

西澤さん　住宅ローンや諸費用について知っているのと知らないのとでは、数百万円の違いが出てくるケースがあるんですよ。

星子さん　えっ、そんなに違うんですか？

西澤さん　たとえば住宅ローン。借り方や返し方はひとつではなく、多数の選択肢があります。その選択によって総支払額に大きな違いが出るんです。

星子さん　適当に選んではいけない、ってことですね。

西澤さん　そうです。他にも物件によって管理費などのランニングコストも違いますし、購入する際の諸費用は住宅ローンの選び方などで違ってきます。家を取得するときに関わる税金には、さまざまな軽減措置や申告すれば非課税になるものもあります。それを知らずにいると、納めなくてもよかったお金が出ていくことになります。

星子さん　お金のこと、知らないままではいけませんね。でも、いろいろ難しそう。

西澤さん　大丈夫。いっしょに勉強していきましょう！

ここがポイント！

Point 01　住宅ローンの選び方によって、総支払額に数百万円の差が出ることもある。

Point 02　税金は節税できるものもあるので、きちんと勉強しておこう。

Point 03　ランニングコストや諸費用も、物件や住宅ローンの選択の仕方で違ってくる。

選び方次第で出費が変わるマイホームのお金イロイロ

住宅ローンの諸費用

【保証料】

ネット銀行やフラット35など、数十万円はかかる保証料が無料のローン商品が増えてきている。


【金利】

ローン商品や金融機関によって違う。金利が高いか低いか、完済までどう動くかで総返済額に大きな違いが出る。


【繰り上げ返済手数料】

無料〜数万円と、金融機関や金利タイプ、返済方法などによって幅がある。こまめに繰り上げ返済をする予定なら要チェック！

ランニングコストなど

【管理費・修繕積立金(マンションの場合)】

物件のグレードや立地、どんな共用施設があるかなどによって違ってくる。大規模な物件は割安になる場合も多い。


【駐車場代(マンションの場合)】

建物内か外か、屋根付きか屋根なしか、機械式か自走式かなどによって違ってくる。


【保険料】

住宅や家財の火災保険、地震保険は建物の構造等によって保険料が違う。団体信用生命保険料は保障内容により金利が異なる場合がある。

総支払額で大きく差が出ることもあるので勉強してね！

税金（第6章参照）

【贈与税】

親から資金援助を受けたとき、贈与税が非課税になる制度があり、申告することで節税が可能。


【不動産取得税】

軽減措置があるが、築年数の古い物件の場合、軽減措置が受けられないことがある。

注目キーワード

【最新情報を確認】

今はさまざまな住宅ローンが登場している。また、金利情勢や税制もずっと同じではない。マイホームを取り巻くお金はめまぐるしく変化しているのだ。常に最新情報を仕入れて、賢い資金計画を立てるようにしたい。

QUESTION 02

借りる前に

夢のマイホーム、今は買い時？

Q

マイホームを持つのが長年の夢です。
年齢的にもそろそろかな、と思うのですが、
景気のことなどを考えると、なんとなく不安です。

A

西澤さん　住宅ローンの金利が低い状況が続いています。他にも、住宅ローン減税で所得税や住民税が控除されたり、印紙税や登録免許税、固定資産税などといった住宅を取得したり、保有したりするときにかかる税金の軽減措置があったりというメリットもあります。一方、コロナ禍の影響により下落に転じた地価が回復しつつあり、建築コストは上昇傾向です。

星子さん　うわぁ、早く買わなくては損ですね！

西澤さん　いえいえ、経済環境が買い時でも、自分のライフプランを考えたときに買い時かどうかはまた別なんです。

星子さん　自分のライフプランって、どういうことですか？

西澤さん　頭金の準備ができているか、家族の人数は今後どうなるか、共稼ぎはずっと続けるのか、転職や独立の予定はあるかなど、今後の収入や支出に影響するようなライフプランです。住宅ローンを借りて家を買うには、これらのライフプランに不確定要素が多すぎないかどうかが重要です。

ここがポイント！

Point 01　今は低金利、優遇税制、地価動向などを考慮すると経済環境的には住宅の買い時といえそう。

Point 02　一人ひとりのライフプランを考えると、いつが買い時といえるかはケースバイケース。

Point 03　今後のライフスタイルや支出入の変化をイメージして、買い時かどうかを見極めよう。

住宅ローンは超低金利が続いている

主な銀行の住宅ローン金利推移

上のグラフは、主な銀行の変動金利型住宅ローンの店頭金利推移です。

かつては8.5%という高い金利の時期もありました。

1995年(H7)以降、2%台という低い水準まで落ち、今も低金利は続いています。

ここ30年近く店頭金利はほぼ一定の金利水準となっていますが、店頭金利からの引き下げ幅はこの約30年で最大1.5%超も拡大しています。

現在、実際の適用金利は1%を切っている場合が多いので、まさに超低金利時代といえますね。

注目キーワード

【ライフプランと人生の3大出費】

人生の中で大きな出費となるのは住宅だけではない。教育資金、老後資金と合わせて、人生には「3大出費」があると考えておこう。これらの出費がライフプランの中でいつ来るのか、いくらくらいかかるのかによって、家の買い時も世帯ごとに違ってくる。

QUESTION 03

借りる前に

お金のこと、何から始めたらいい？

Q

住宅ローンを借りて家を買うことにしました！
安心して返済できる資金計画を立てたいけど
何から始めたらいいのか、わかりません。

A

西澤さん　毎月、何にいくら払っているかを把握していますか？

星子さん　いいえ。実は、家計簿もつけたことがないんです。

西澤さん　家計簿をつけていなくて、収支を把握していない人には、1000円単位でもいいので、1年間家計簿をつけてみることをおすすめします。今、住宅費にいくらかかっているか、無駄遣いがないかがわかります。

星子さん　1000円単位でいいなら私にもできそうです！でも、家を買うまで1年も待てない、という人はどうしたらいいですか？

西澤さん　では、直近の支出を思い出して、家賃や光熱費、保険料など、項目別に分けてまとめてみましょう。

星子さん　さっそくやってみます。

西澤さん　他にも、**自己資金**をいくら用意できそうかを確認しておくといいですね。今ある預貯金、解約や換金が可能な保険や株券などの資産をリストアップしておきましょう。16頁の「わが家の資産チェック表」は書き込み式ですから、活用してくださいね。

ここがポイント!

Point 01　まずは、家計状況を把握することがスタートライン。1年間、家計簿をつけてみよう。

Point 02　1年も待てない場合は、ここ数カ月の支出をまとめて左頁の表に記入してみよう。

Point 03　自己資金の金額を把握するため、預貯金などの資産をリストアップしておこう。

わが家の出費の内容と金額を確認しておこう

毎月の出費

住まいにかけているお金	家賃	万	円
	共益費	万	円
	家を買うための預貯金	万	円
基本生活費	食費	万	円
	水道・光熱費	万	円
	日用品代	万	円
	被服費	万	円
	理・美容費	万	円
	医療・保健費	万	円
	教育費	万	円
	交通費・駐車場代	万	円
	教養・娯楽費	万	円
	電話代・インターネット代	万	円
保険料	生命保険	万	円
	医療保険	万	円
	子どものための保険	万	円
	損害保険	万	円
預貯金（家を買うための預貯金以外）		万	円
その他（こづかいなど）		万	円

合計　　万　　円

毎月ではないけど、出費が予定されているもの

税金や車検代、帰省費用などを書き出しておこう。

万	円	万	円
万	円	万	円

注目キーワード

【家計状況】

家計の収支の把握は、何に使っているかわからない使途不明金をなくすことや、貯蓄できる金額を明確にすることにつながる。家計状況を把握したら、必ず貯蓄をし、さらにその貯蓄を使い道に合わせて適正に運用することが大切だ。

QUESTION 04

借りる前に

どこかで相談できる？

Q

自分にぴったりなのはどんな資金計画なのか、
お金にくわしくない自分が決めるのは不安。
お金のこと、どこかで相談できますか？

A

星子さん　どんな住宅ローンがあるのか、自分でも調べてみたんですが、いろいろありすぎて、よくわからなくって…。夫も私もお金のことは苦手だし。誰かに相談したいんです。

西澤さん　住宅ローンのことなら、モデルルームや住宅展示場などでも相談できますよ。見学のついでに、いろいろ聞いてみるのもいいですね。他にも、銀行などの金融機関の窓口や住宅金融支援機構などのＨＰでも借入額や返済額のシミュレーションができます。

星子さん　普段おつき合いのない銀行に相談してもいいんですか？

西澤さん　もちろん、問題ありませんよ。

星子さん　返済が始まったら、わが家の家計はどうなるかも相談できますか？

西澤さん　適正な予算の考え方や今後の家計への影響、保険の見直しなども相談するなら、お金のことをトータルで、しかも長期的に考える必要があります。ファイナンシャル・プランナーに相談することをおすすめします。

ここがポイント！

Point 01　モデルルームや住宅展示場で、返済額のシミュレーションをしてもらえるので相談してみよう。

Point 02　銀行などの金融機関の窓口や、住宅金融支援機構などの HPで各種シミュレーションができる。

Point 03　保険や家計の見直しなど、トータルで相談するならファイナンシャル・プランナーがおすすめ。

お金のことは、こんなところで相談できます

モデルハウスやモデルルーム

営業担当者が返済額の試算など、簡単な資金計画の相談に乗ってくれる。ハウスメーカーや不動産会社などが提携している住宅ローンのメリットなどを聞いておくといいだろう。

銀行などの相談窓口

融資係や住宅ローン相談窓口で、頭金や年収などから借入可能額の目安や、返済計画などを相談できる。最近は、夜間や土日に相談会を開く銀行も多くなっている。

ファイナンシャル・プランナー

今後の家計の変化や保険の見直しなど、ライフプランも含めたトータルでの資金計画を相談するならファイナンシャル・プランナーが適任。特定の保険会社やハウスメーカー、不動産会社などと協力関係のない独立系のファイナンシャル・プランナーもいる。

注目キーワード

【見学先での返済額の試算】

モデルハウスやモデルルームでは、できるだけ返済期間を長くし、金利は最も低い変動金利での試算がほとんど。毎月返済額が少なく、購入意欲がそそられるが、自分のライフプランに合う資金計画とは限らない。資金計画は必ず自分でも勉強して検討することが重要。

COLUMN

今、自己資金はいくらあるのかチェックしておきましょう

わが家はいったいいくらを頭金にできるのでしょうか。それを知るためには、まず、今、いくら持っているかを確認することが必要。下のチェック表に1万円単位のおおまかな数字でもいいので書き込み、わが家の資産状況を把握しておきましょう。

わが家の資産チェック表

現在手元にあるお金		
銀行口座	（　　　）銀行	万円
	（　　　）銀行	万円
	（　　　）銀行	万円
	（　　　）銀行	万円
解約できる保険など		万円
換金できる有価証券など		万円
その他		万円
合計		**万円**

＋

贈与	
親や祖父母から受けられそうな資金援助の金額	万円

↓

合計	**万円**

第2章

関わるお金について知っておこう

マイホームのお金の基礎知識

家を買うときや建てるときには、家の代金以外にもいろいろな費用や税金などがかかります。思いもしなかった出費に大慌て！なんてことのないように、ここでは、マイホームに関わるさまざまなお金についての基本を勉強しておきましょう。

QUESTION 05

お金の基礎知識

どんなお金がかかるの？

Q

以前、家を買った友人から、
思わぬ出費があったと聞きました。
土地代や家の代金以外に
どんなお金がかかるのですか？

A

西澤さん　住宅ローンを借りる場合は、**事務手数料**や**保証料**、**火災保険料**、契約書に貼る**印紙代**などがかかります。注文住宅は付帯工事費や外構工事費の他、設計料が必要なこともあります。他には、家を登記するための**登録免許税**や、その手続きの際に支払う司法書士報酬などもありますね。

星子さん　中古のマンションや建売一戸建てはどうですか？

西澤さん　不動産会社が仲介に入ることがほとんどですから、不動産会社に支払う**仲介手数料**がかかりますね。注文住宅を建てるための土地を買ったときにも払います。

星子さん　土地や家そのものの代金以外にも、ずいぶんいろいろかかるんですね。

西澤さん　他にも引越し費用がかかりますし、カーテンや照明器具、家電や家具代なども必要になるでしょう。どんな費用がいくらくらいかかるのか、いつ払えばいいのかなどは、ハウスメーカーや工務店、不動産会社などの販売担当者に、早めに確認しておき、予算に組み込んでおきましょう。

ここがポイント！

Point 01　お金を借りるにもお金がかかる。住宅ローンを借りる諸費用を確認しておこう。

Point 02　不動産会社を通して中古住宅や土地、分譲一戸建てを購入する場合は、仲介手数料が必要。

Point 03　引越し費用や家具やカーテンの購入費用も、家を買うための予算の中に入れておこう。

土地や建物の代金以外にかかる主なお金を知っておこう

注文住宅の場合は、建物の本体価格の他に
ガス工事や電気工事などの「付帯工事費」や
門扉や庭などの「外構工事費」がかかる

土地と建物の代金

＋

住宅ローンを借りるときにかかる諸費用（30頁）

事務手数料
印紙代（ローンの契約書に対する印紙税）
保証料（保証会社に支払う保証料）
抵当権設定関係費用
火災保険料（借入の必須条件となっている場合がある）
地震保険料（加入は任意）
団体信用生命保険料（銀行ローンの場合は銀行負担がほとんど）

中古住宅や土地の購入にかかる諸費用（30頁）

仲介手数料（価格×3%＋6万円）＋消費税が上限（価格が400万円超の場合）

税金・登記費用（153頁）

不動産取得税（不動産を所有したときに1度だけかかる税金）
登録免許税（不動産の登記などに関する税金）
司法書士・土地家屋調査士報酬料
印紙代（売買契約書・建築工事請負契約書に対する印紙税）
固定資産税等精算金

その他

引越し代・カーテン・照明器具代・家具代・オプション費用
水道加入負担金（一戸建ての場合）・修繕積立基金（マンションの場合）

注目キーワード

【入居後のコスト】

住宅取得後、マンションでは管理費や修繕積立金などがかかる。一戸建ての場合、管理費や修繕積立金などはないが、マンションよりも早い時期に修繕費が必要になる場合が多い。毎月最低でも1万円程度を自分で積み立てておいたほうがいいだろう。

QUESTION 06

お金の基礎知識

私が買える家はいくら?

Q

中古の安い家もあれば、億ションもあって
家の価格っていろいろですよね。
自分が買えるのはいくらくらいの家なのか
どうやって見当をつけたらいいのですか?

A

西澤さん　家の**総予算**は「**頭金＋借入額＋諸費用**」です。頭金はいくら用意するのか、住宅ローンはいくら借りるのか、**諸費用**はいくらになるのかで、買える家の価格は決まります。

星子さん　問題はその「借入額」なんです。自分は、銀行から住宅ローンをいくらまで借りられるのかがわからなくて。

西澤さん　安全な資金計画のためには、借りる金額は銀行のルールで決められた「借りられる金額」ではなく、星子さんが「返せる金額」をもとに出すことが大切です。返せる金額の出し方は84頁で詳しく説明しますね。

星子さん　なるほど。「借りられる金額」ではなく、「返せる金額」が大切なんですね。

西澤さん　そうです。そうして出した借入額と頭金の合計に諸費用も加えた金額が、星子さんの買える家の総予算と考えましょう。借入額＋頭金を総予算と考えて家を買ってしまって、諸費用にまわすお金がない！　と慌てることのないようにしましょうね。

ここがポイント!

Point 01　家のための総予算は「頭金＋借入額＋諸費用」が上限。

Point 02　借入額は、借りられる金額ではなく、返せる金額をもとに出すことが安全な資金計画。

Point 03　諸費用は借り入れも可能だが、原則自己資金から捻出することが必要だ。

マイホーム取得の総予算はこの範囲内で

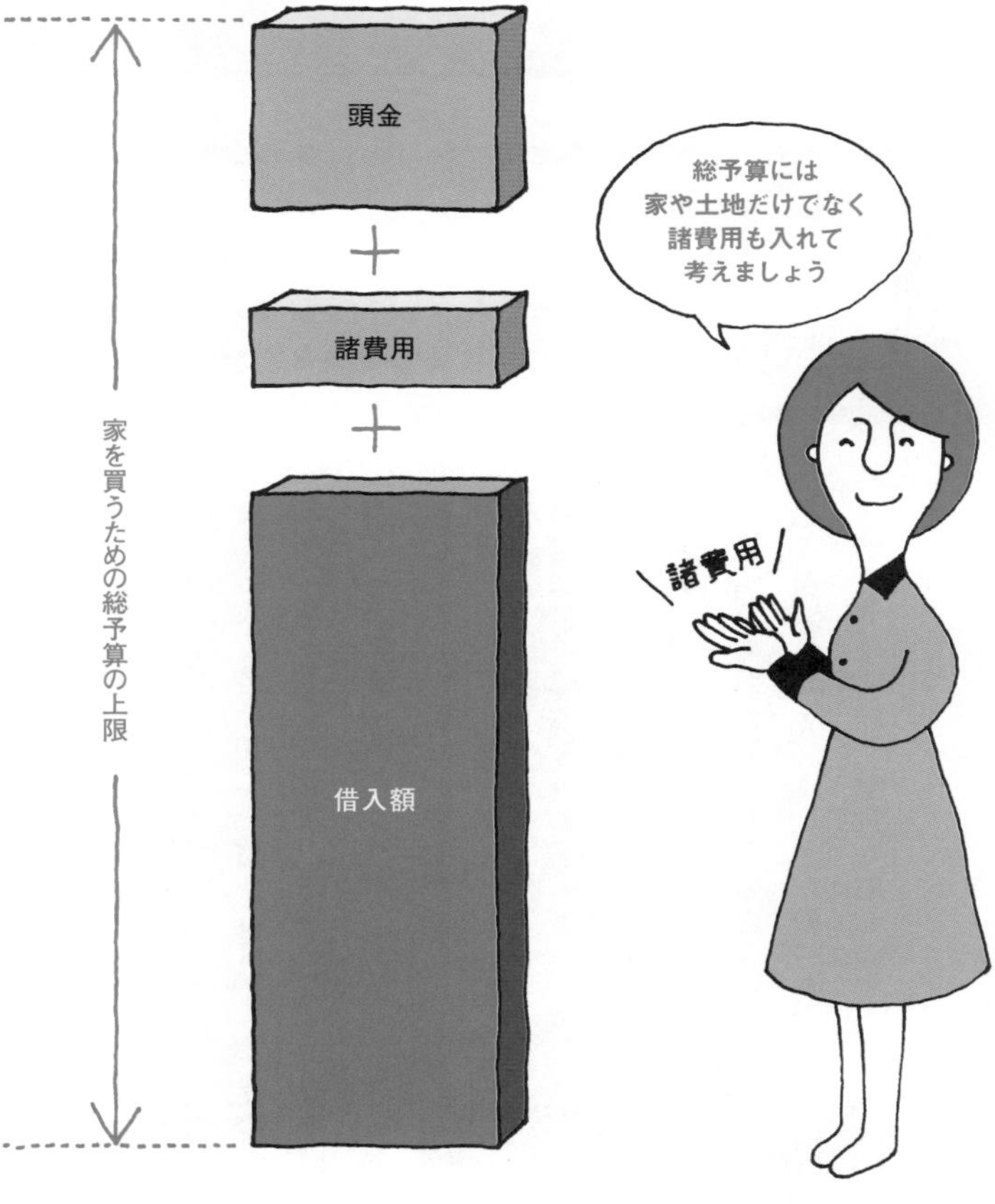
家を買うための総予算の上限
頭金
＋
諸費用
＋
借入額
総予算には
家や土地だけでなく
諸費用も入れて
考えましょう
諸費用

注目キーワード

【総予算】

住宅のための「総予算」は借入額と自己資金の合計。自己資金には頭金の他に諸費用も含まれる。注文住宅の見積もり依頼時や、マンションや建売一戸建ての予算を営業担当者から尋ねられたときは、諸費用や付帯工事費なども含めた総予算だということを伝えよう。

QUESTION 07

お金の基礎知識

頭金ってなんのために必要？

Q

友だちと、家の購入について話すとき、
頭金のことがよく出てくるのですが
そもそも頭金ってどうして必要なのですか？
頭金がないとどうなるのでしょうか？

A

西澤さん　**頭金**があれば、借り入れを少なくできて毎月の返済負担を軽くすることができます。それに、頭金の有無は、住宅ローンの借り入れに大きく影響するんですよ。購入価格の90％を超える借り入れの場合、金融機関の審査が厳しくなるのが一般的です。

星子さん　つまり、頭金があるほうが、住宅ローンが借りやすくなる、ということですね。

西澤さん　そうなんです。それに、頭金が一定割合以上あると低い金利で借りられたり、借りるときに払う保証料が安くなるといった、優遇が受けられる場合もあるので有利なんですよ。

星子さん　頭金は、ないよりもあったほうが、多ければ多いほうがよさそう。

西澤さん　将来、家族が増えて住み替える可能性もありますよね。そのとき、売却をするなら、住宅ローンの残債は少ないほうがいいんです。頭金がないと、ローンの残債の減少がその家の担保価値の減少に追いつかず、売りにくくなる可能性もあるからです。

ここがポイント！

Point 01 ｜ 頭金があることで借り入れを減らせるため、毎月の返済額や利息を少なくできる。

Point 02 ｜ 購入価格の90％を超える借り入れは、審査のハードルが上がって希望額を借りにくくなる。

Point 03 ｜ 頭金が多いと低い金利で借りられたり、保証料が安くなる場合もある。

頭金が多いほど、返済額は少なくできる

3000万円の家を買う場合、用意できる頭金の額で毎月返済額はいくら違うのか？

ローンの条件　金利2.5%／全期間固定金利型／35年返済／元利均等返済

頭金	借入額	毎月返済額	頭金ゼロより
ゼロ	3000万円	10万7248円	
300万円	2700万円	9万6523円	1万725円少なくなる
600万円	2400万円	8万5798円	2万1450円少なくなる
900万円	2100万円	7万5073円	3万2175円少なくなる

頭金
頭金が多いほど
返済負担が
軽くなるんだね

注目キーワード

【貯蓄の重要性】

頭金ゼロ、ということは貯蓄ができない家計体質ともいえる。上昇する教育費や、年金制度などへの不安を考えると、貯蓄とその運用は必要不可欠。それができないまま住宅ローンの返済を始めると教育費や老後資金が準備できず家計が破綻するリスクが高いので注意。

QUESTION 08

お金の基礎知識

頭金なしで買ってもいい？

Q

友だちが全額ローンで家を買ったそうです。
頭金なしで家を買うことは可能なのですか？
もし、それができるなら今ある貯金は
他のことに使える、なんて思うのですが。

A

西澤さん　融資の審査は厳しくなりますが、購入費用の全額を貸し出す金融機関もありますから、**頭金**なしで家を買うことは全く不可能なことではありません。でも、「頭金なしで買える」ということと、「頭金なしで買っても大丈夫」ということは同じではないので、おすすめできません。

星子さん　やはり頭金は多くしたほうが安心なんですね。

西澤さん　そうですね。毎月の返済負担は少ないほうが安全ですし、利息も少なくてすみます。

星子さん　まわりには、貯金ができなくて頭金がない、という人も多いんです。

西澤さん　しっかりと貯金ができない家計での住宅購入はリスクが高いといえます。仮に今の家賃が負担になっていて貯金ができないなら、「住宅ローンの返済額にランニングコストを加えた金額」が家賃よりも少なくなるようにすることが必要ですね。

あとは、今からでも貯金をして、少なくとも諸費用分の資金を用意することをおすすめします。

ここがポイント！

Point 01　購入費用の全額を融資する住宅ローンも多いため、頭金なしで家を買うことは可能だが、おすすめしない。

Point 02　貯金ができない、という理由で頭金がないのなら、住宅ローンの返済額を「家賃並み」より少なく。

Point 03　家を買うときには諸費用もかかる。少しでも貯金をして自己資金を用意しておきたい。

住宅購入価格の１割の頭金を用意するだけでこんなに違う

最近は諸費用分を借り入れできる「諸費用ローン」に代わって諸費用分も住宅ローンの融資対象に加えるケースが増えてきており、自己資金がほとんどなくても住宅ローンとして住宅価格を超えた借り入れが可能となっています。
一方で、フラット３５という住宅ローン（58 頁参照）では、住宅価格に対する借入額の比率（融資率）が９割以下の場合の適用金利は、９割超の場合に比べて低く設定されています。金利を抑える意味でも頭金の準備が必要ですね。

3000 万円の家を買う場合、頭金を１割用意した場合と全額を借りた場合でどう違う？

ローンの条件　フラット35（全期間固定金利型）／35年返済・元利均等返済
融資率９割以下の金利：2.0%　融資率９割超の金利：2.15%

	借入額	毎月返済額	総返済額
頭金 300 万円	2700 万円	8 万 9440 円	約 3757 万円
頭金なし	3000 万円	10 万 1703 円	約 4272 万円

頭金を300万円用意すると、
毎月返済額が1万2263円、
総返済額が約515万円
少なくできる

注目キーワード

【住宅ローンの融資対象】

銀行の住宅ローンでは本人居住用の土地・住宅の購入、新築、リフォームなどの他、火災保険料や仲介手数料なども融資対象になる場合がある。また、フラット 35 も融資対象となる諸費用が定められている。フラット 35 サイト（www.flat35.com）で確認を。

QUESTION 09

お金の基礎知識

頭金はいくらくらい必要？

Q

頭金をもっと増やすことにしました。
でも、いくらくらいあれば足りるものなのでしょうか？
目安を教えてください！

A

星子さん　頭金は多ければ多いほどいいんですよね？　でも、最低でもいくらあればいい、という目安がわからないと家を買うタイミングがつかめなくて。

西澤さん　頭金はたくさん用意するにこしたことはないのですが、そうはいかない方も多いでしょう。理想は購入価格の20％以上です。

星子さん　2500万円のマンションを買うとしたら、理想は500万円以上ということですね。そんなに貯められるかなあ…。

西澤さん　新築マンションや分譲一戸建ての場合、手付金として購入価格の10％が必要な物件もあります。ですから、最低でも10％は確保しておきたいですね。

星子さん　家の代金にする分の頭金の他に、諸費用や引越し代、家具・家電代などもかかるんですよね？

西澤さん　そうです。諸費用分はできるだけ現金で用意したいですね。手付金や、注文住宅の場合は着工金を払ってから、引き渡しまでの間に、がんばって少しでも頭金を増やすようにしましょう。

ここがポイント！

Point 01　頭金は、家の価格の20％以上は用意しておくのが理想。

Point 02　手付金で購入価格の10％を必要とする物件もある。早い時期に最低でも10％は確保したい。

Point 03　購入物件を決めてから契約、引き渡しまでの間も、自己資金を貯める時間はある。

頭金は家の価格の2割以上は用意したい

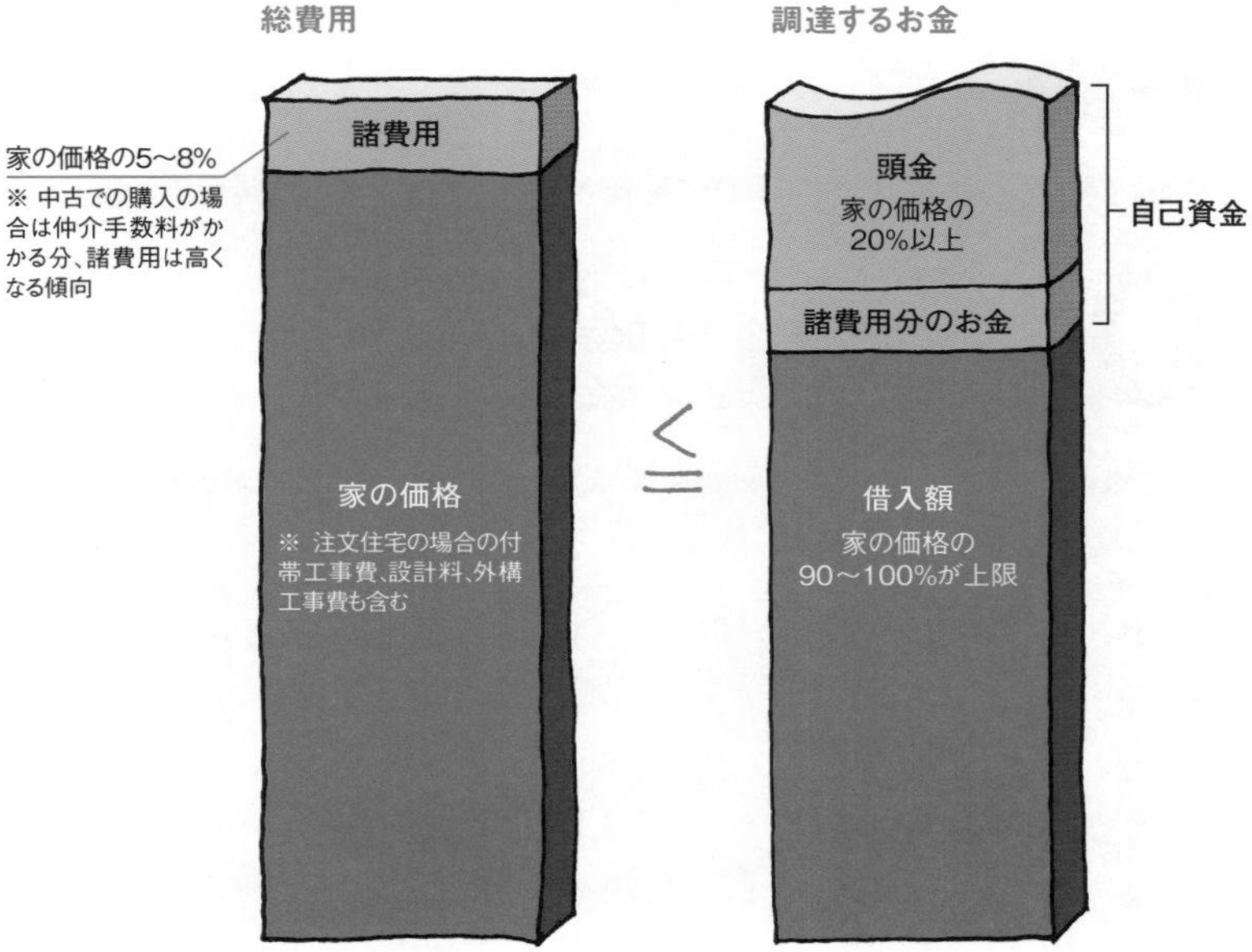

家の購入にはいろいろなお金がかかります。今は全ての費用をまかなえるローンがありますが、全額を借り入れると毎月の返済額が大きくなります。安心して返済していくためにも、家の価格の20%以上の頭金を用意しておきたいですね。

注目キーワード

【広告の頭金ゼロでの資金計画】

不動産広告などに例として掲載されている資金計画には、頭金がゼロや5万〜10万円などのケースが見られる。しかし、頭金が少なければ返済負担は大きくなるし、家計が債務超過になる可能性も。また、諸費用には現金が必要。ある程度の自己資金は用意したい。

QUESTION 10

お金の基礎知識

貯金全部を頭金にしていい？

Q

ローンはできるだけ少なくしたいんです。
だから、貯金は全部頭金にしようと思います。
これって、安全な資金計画ですよね？

A

西澤さん　頭金を多くして、ローンを減らせば、毎回の返済額は少なくできて安心。でも、家を持ったとたん、貯金がゼロになってしまうのは不安ではありませんか？

星子さん　そうですね、不安です。

西澤さん　人生、何が起こるか分かりません。病気やケガで入院して収入が減ったり、リストラの可能性だってあるでしょう。一時的に収入が途絶えたときなどのために、蓄えは残しておきたいですね。

星子さん　いくらくらい残しておけばいいですか？

西澤さん　最低でも生活費の3カ月分。できれば6カ月分を確保しておきましょう。他に引越し費用や家具購入費なども必要です。

星子さん　来年、車を現金で買う予定なんですが。

西澤さん　購入予定時期までに貯金が間に合わないようなら、残しておいたほうがいいですね。その他にも、家具の購入や子どもの進学費用、旅行など、まとまった出費の予定が近々あるなら、その分の貯金がこれからできるかどうかを考えておきましょう。

ここがポイント！

Point 01　家を買ったあとの万が一に備えて、貯金は全額頭金にまわさずに、とっておこう。

Point 02　残しておくのは生活費の３カ月から６カ月分以上。自分で安心できる金額を確保しておくこと。

Point 03　予定している出費があり、出費の時期までに貯金ができそうにないなら、その分も残しておく。

貯金の中からどれくらいを頭金にまわせる？

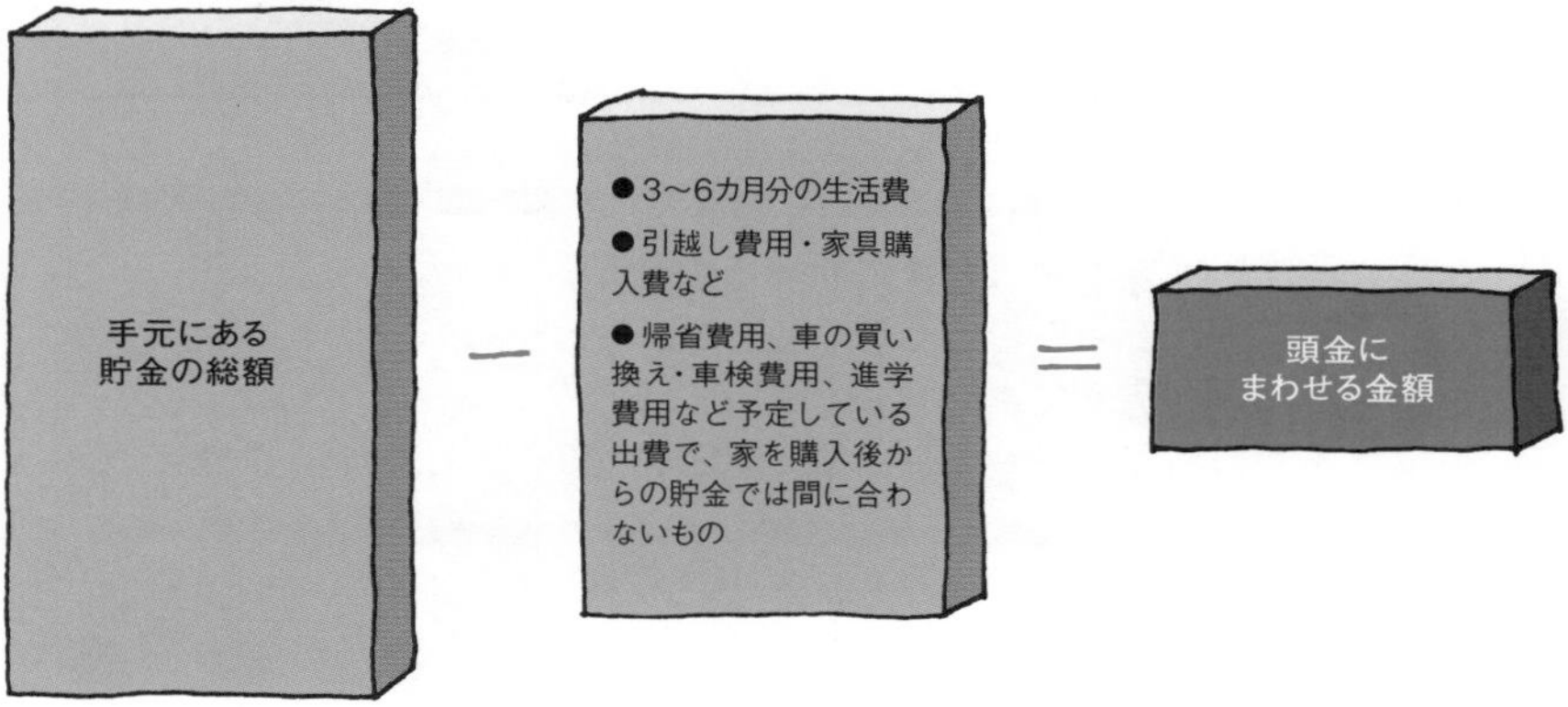

もしも、ご両親などから資金援助が受けられそうなら上の計算式で出た「頭金にまわせる金額」と合計したものがあなたの頭金の金額です。

注目キーワード

【生活予備資金】

貯金全てを住宅取得の自己資金には使わず、ある程度は残しておきたい。目安は最低でも生活費の3カ月分、できれば6カ月分だが、実際にいくら必要かは世帯の状況によっても違ってくる。転職や独立の予定がある人や、自営業の人は多めに残しておいたほうが安心。

QUESTION 11

お金の基礎知識

諸費用って、いくらかかるの？

Q

家を買うときにかかる諸費用。
いったいいくらくらいかかると
考えておけばいいのでしょう？
予算オーバーしないように、知っておきたいです！

A

西澤さん　家を買ったり、建てたりするときには、家や土地の価格以外にもいろいろかかります。それが**諸費用**。諸費用にはどんなものがあるかは18頁で解説しているので復習してくださいね。

星子さん　はい！

西澤さん　さて、いくらかかるのかなのですが、物件の金額やローンをいくら借りるのか、新築か中古かでも違ってくるんです。

星子さん　そうなんですか。おおよその目安がわかっていると安心なのですが。

西澤さん　一般的には新築は物件価額の**5％**、中古で**8％**程度です。

星子さん　どうして中古のほうがかかるんですか？

西澤さん　中古の場合、仲介に入った不動産会社に払う**仲介手数料**があるからです。新築の場合も、土地を購入する注文住宅では仲介手数料がかかる場合があります。

星子さん　なるほど。

西澤さん　最近は、保証料が無料のローンがあったり、優遇税制で税額が低くなったりするので、諸費用は少なめの傾向です。

ここがポイント！

Point 01　諸費用は新築で物件価額の5％、中古で8％程度が目安。

Point 02　中古や土地を購入する際には、仲介手数料がかかる場合がほとんど。

Point 03　保証料無料のローンがあるので、利用するローンによっても諸費用は違ってくる。

住宅ローンの諸費用や土地・建物の仲介手数料はいくらくらい？

3000万円の中古マンションを2700万円のローンで買った場合の
住宅ローンの諸費用と不動産会社への仲介手数料を見てみましょう。

購入物件と住宅ローンのDATA

購入物件：中古マンション
購入価格3000万円／築年数：5年／間取り（床面積）：3LDK（80㎡）

住宅ローン
借入先：銀行（都市銀行A）／借入額：2700万円
返済期間：35年　※保証料は一括前払いを選択

住宅ローンにかかる**諸費用**
（都市銀行Aの場合）

事務手数料	3万3000円
保証会社保証料	55万6497円
印紙税	2万円
抵当権設定関係費用（※1）	18万8000円
合計	79万7497円

諸費用は借りるローンの
種類や借入額、
返済期間などで異なる

※1 司法書士報酬（概算）および登録免許税

不動産会社に払う**仲介手数料**

（購入価格×3%＋6万円）＋消費税が上限

（3000万円×3%＋6万円）×1.1
＝105万6000円
仲介手数料は105万6000円

他にも、登記費用、
火災保険料や
地震保険料などがかかる

注目キーワード

【保証料】

保証料とは、借り入れの際に連帯保証人の代わりに保証会社や保証機関の保証をつける費用。住宅ローンを申し込んだ人が返済できなくなった場合、金融機関は保証会社や保証機関に代位弁済を請求。以後返済できなくなった人は保証会社や保証機関から請求される。

QUESTION 12

お金の基礎知識

借りる前に何をすればいい？

Q

家を買うために住宅ローンを借りる予定ですが、
借りる前に、どんな準備が必要でしょうか？

A

西澤さん　まずは住宅費としていくらまで支払えるのか予算を出す必要がありますね。

星子さん　住宅ローンの借入額と、住宅のために出せる頭金の合計額ですね。

西澤さん　そうです。住宅ローンの借入額は必ず、返せる金額をもとに出します。84頁でくわしく解説しますね。

星子さん　次に何をすればいいですか？

西澤さん　返済中のローンや借りる人の収入、勤続年数、健康状態などローンの申し込みに必要な情報を整理しておきましょう。それをモデルルームやモデルハウスの営業担当者に伝えると、おおよその借入可能額を出してくれます。または、銀行などの金融機関に行って試算してもらいましょう。

星子さん　ローンが借りられたら購入したい、という物件がある場合はどうしたらいいですか？

西澤さん　検討物件が特定できたら、銀行の**事前審査**を受けて、融資が受けられるかどうか、いくら借りられるかを出してもらいます。

ここがポイント！

Point 01　返済していける金額から借入可能額を出して、家を買うために出せる予算の総額を確認する。

Point 02　返済中のローンや収入、勤続年数などを整理して、借入可能額を試算してもらう。

Point 03　購入を検討している物件がある場合は、金融機関の事前審査で借り入れが可能かなど借入条件を確認。

住宅ローンを借りに行く前にこんな準備をしておこう

Step1

家を買うための予算を出しておく

住宅ローンの借入額(84頁)と予定している頭金(28頁)の合計額。

↓

Step2

借り入れの審査に必要な情報を整理

現在返済中のローン、勤続年数、税込み年収、健康状態などを確認。

↓

Step3

借入可能額の試算や事前審査へ

銀行などの金融機関や、住宅展示場のモデルハウス、マンションのモデルルームなどで、借りられる金額の目安を試算してもらえる。購入を検討している物件がある場合は、金融機関の事前審査を受けられる。

モデルハウスやモデルルーム、金融機関での試算は、資金計画のほんの一例。それがベストな資金計画だと思わずに、金利や借入期間などを変えて複数のパターンで試算し、自分で比較検討してみることが大切です。
住宅金融支援機構や各金融機関のホームページでも住宅ローンのシミュレーションができます。

注目キーワード

【年間総返済額】

希望する金額が借りられるかどうかは、年収に占める「年間総返済額」の割合が、金融機関が決めた基準をクリアしているかによる。なお、この「年間総返済額」には、希望する住宅ローンの他に現在返済中のその他のローン（マイカーローンなど）が含まれる。

QUESTION 13

お金の基礎知識

お金はいつ払うの？

Q

家を買うときや建てるとき、
お金はいつ払うものなのでしょうか？
新築の分譲、注文住宅、中古物件、
それぞれ違いますか？

A

星子さん　まだ、マンションにするか一戸建てにするか、どんな家を買うかは決めていないんですが、いつお金を払うのかを知っておきたいんです。

西澤さん　新築マンションや分譲一戸建てといった分譲物件か、注文住宅か、中古物件なのか。購入する家の種類によって、支払いの手順は違ってきます。それぞれ左頁から細かく解説しますね。ここでは共通の流れを知っておきましょう。

星子さん　はい！

西澤さん　分譲も注文も中古も、契約時に手付金、印紙税、住宅ローンの契約時に印紙税、物件の引き渡し時に代金の残金、登録免許税などの登記費用、ローンの諸費用、固定資産税などの精算金を支払います。

星子さん　つまり、支払いが発生するのは、**「契約時」「ローン契約時」「引き渡し時」**ですね。

西澤さん　注文住宅は、上棟のタイミングで中間金の支払い、中古の場合は不動産会社への仲介手数料の支払いが発生します。

ここがポイント！

Point 01　「契約時」「ローン契約時」「引き渡し時」にまとまった支払いが発生する。

Point 02　注文住宅は、上棟時に中間金の支払いが発生するケースが多い。

Point 03　中古の場合、売買契約時もしくは引き渡し時に不動産会社への仲介手数料も必要になる。

新築分譲マンション・新築分譲一戸建てのお金、いつ払う？

購入の流れ	払うお金（例）
購入の申し込み	申し込み証拠金（1万～10万円、不要の場合もある） ※ 売買契約時に手付金に充当される
↓	
売買契約	手付金（価格の10%程度）・印紙代 ※ 引き渡し時に売買代金に充当される
↓	
ローン契約	印紙代
↓	
引き渡し	残金・ローン関連諸費用・登記関連費用 固定資産税等の精算金 修繕積立基金（マンションの場合）

申し込み証拠金は、契約前にキャンセルした場合は全額戻ってきます。ただし、自己都合による契約後のキャンセルは申し込み証拠金、手付金共に戻らないので注意が必要です

注文住宅のお金、いつ払う？

購入の流れ	払うお金（例）
工事請負契約	契約金（工事費の10%）・印紙代
建築確認申請	建築確認申請手数料（3万円前後）※ ※ 他に確認申請審査費用、図面作成料などが20万～30万円程度必要。ハウスメーカーや工務店によっては、設計料に含まれている。
地鎮祭・着工	着工金（工事費の30%）
上棟式	中間金（工事費の30%）
竣工	
ローン契約	印紙代
引き渡し	残金（工事費の30%）・ローン関連諸費用・登記関連費用

建築費の支払いのタイミングや分割回数、割合などは、ハウスメーカーや工務店によって違ってきます。施主の事情によって柔軟な対応をしてくれる会社もあるので、契約前に支払い方法について確認・相談するといいですね。地鎮祭や上棟式は行う場合のみ、費用がかかります。地鎮祭は3万～6万円、上棟式は5万～15万円程度ですが、内容や建築エリアによって違います。また土地を購入して注文住宅を建てる場合は、土地購入時の費用が追加されます。つなぎ融資（51頁参照）が必要な場合もあり、利用すればさらに費用がかかります。

中古住宅のお金、いつ払う？

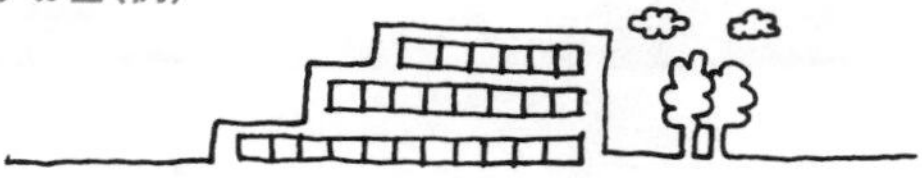

購入の流れ	払うお金(例)
購入の申し込み	
↓	
購入契約	契約金(購入価格の10%)・印紙代・仲介手数料
↓	
ローン契約	印紙代
↓	
引き渡し	残金(購入価格の90%)・ローン関連諸費用 登記関連費用・固定資産税等精算金

仲介手数料は売買契約時に支払う場合が多いのですが、他に、売買契約時半金・引き渡し時半金の場合や、引き渡し時に全額支払いの場合もあります。
中古物件は売買契約から引き渡しまでの期間が短いので、支払い用の現金は早めに用意しておきましょう。

注目キーワード

【同時履行】

売主側の抵当権抹消と所有権の移転登記、買主側の抵当権設定登記と融資の実行は、引渡時に全て同時に行われるケースが多い。これは同時履行の原則による。一般的には、銀行や不動産会社などに売主、買主、司法書士、銀行担当者、仲介業者が集まり行われる。

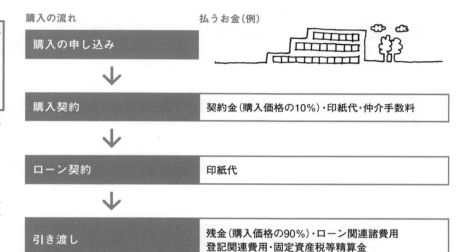

QUESTION 14

お金の基礎知識

税金もかかるってほんと?

Q

家を建てたり買ったりすると
これまではつきあいのなかった税金が
関わってくるようになると聞きました。
本当ですか？

A

西澤さん　家に関わる税金はいろいろあります。ここでは、家を買うときと、家を所有しているときにかかる税金についてお話ししましょう。

星子さん　所有しているとかかる、ということは、ずっと納税しなくてはいけないものもあるということですね。

西澤さん　そうなんです。購入するときにかかるのは左頁を見ていただけばわかるように、**消費税**、**印紙税**、**登録免許税**、**不動産取得税**。そして、親から購入資金を贈与されると、**贈与税**がかかる場合もあります。

星子さん　所有しているとかかる税金は？

西澤さん　**固定資産税と都市計画税**ですね。

星子さん　あ、聞いたことがあります！　いろいろあるんですね…。

西澤さん　がっかりしないで（笑）。納めるだけではなく、戻ってくる税金もあるんですよ。

星子さん　それはうれしい！

西澤さん　税金については１５３頁からくわしく勉強しましょう。

ここがポイント！

Point 01　買ったときにかかる税金、所有しているとかかる税金などいろいろある。

Point 02　親から購入資金を贈与されると、贈与税がかかることがある。

Point 03　納めるだけではなく、戻ってくる税金もある。詳しくは153頁からの第6章を参考にしよう。

マイホームにはこんな税金が関わってくる

家を取得したとき

納める税金

登録免許税（軽減措置あり）・不動産取得税（軽減措置あり）
印紙税（軽減措置あり）・消費税（建物分のみ。ただし中古住宅の個人間売買の場合は非課税）

資金や不動産を贈与されたとき

納める税金

贈与税（非課税制度あり）

家を所有しているとき

納める税金

固定資産税（軽減措置あり）・都市計画税（軽減措置あり）

住宅ローンを利用したとき

控除される税金

所得税・住民税（所得税で控除しきれない場合）

税金については153頁からの「第6章 マイホームに関わる税金」で解説しています。

注目キーワード

【納税の時期】

印紙税は住宅の売買契約や工事請負契約、ローン契約のとき。登録免許税は登記のとき。不動産取得税は物件取得後に届く通知書にて納税。登記のときは登録免許税の他に司法書士報酬や土地家屋調査士報酬などまとまった費用がかかるので、時期や金額を確認したい。

QUESTION 15

お金の基礎知識

生命保険には入るべき？

Q

家を買うときは保険の見直しの時期でもあると友だちが言っていました。言われてみると、わが家は医療保険くらいしか入っていません。大きな借金をするわけだから、生命保険に入るべき？

A

星子さん　長い返済期間だから、万が一のことがあったら、って考えると不安…。ローンを借りる夫にもしものことがあっても大丈夫なように、生命保険をかけておいたほうがいいのかしら。

西澤さん　実はフラット35と機構財形住宅融資以外の多くの住宅ローンは、**団体信用生命保険（団信）**への加入が融資の必要条件です。

星子さん　そうなんですか！

西澤さん　ローンの契約者が死亡したり、高度障害になったりした場合、ローンの残りを返済してくれる保険です。保険料は金利に含まれる場合がほとんどです。

星子さん　じゃあ、保険はそれで十分ですね。

西澤さん　そうとは言えないですね。団体信用生命保険は遺族に住宅ローンの債務を遺さないためのもの。一般の生命保険は遺族のその後の生活のためのもの。というように目的が違うので、団信に入ったから一般の保険に入らなくてもよいとか、今保険に入っているから団信には加入不要ということではないんですよ。

ここがポイント！

Point 01　フラット35、機構財形住宅融資以外の住宅ローンは、団体信用生命保険への加入が融資の必要条件。

Point 02　団体信用生命保険の保険料は、通常、住宅ローンを融資した金融機関が負担する。

Point 03　フラット35、機構財形融資では団体信用生命保険に加入しなくても融資は受けられる。

住宅ローンをカバーする団体信用生命保険

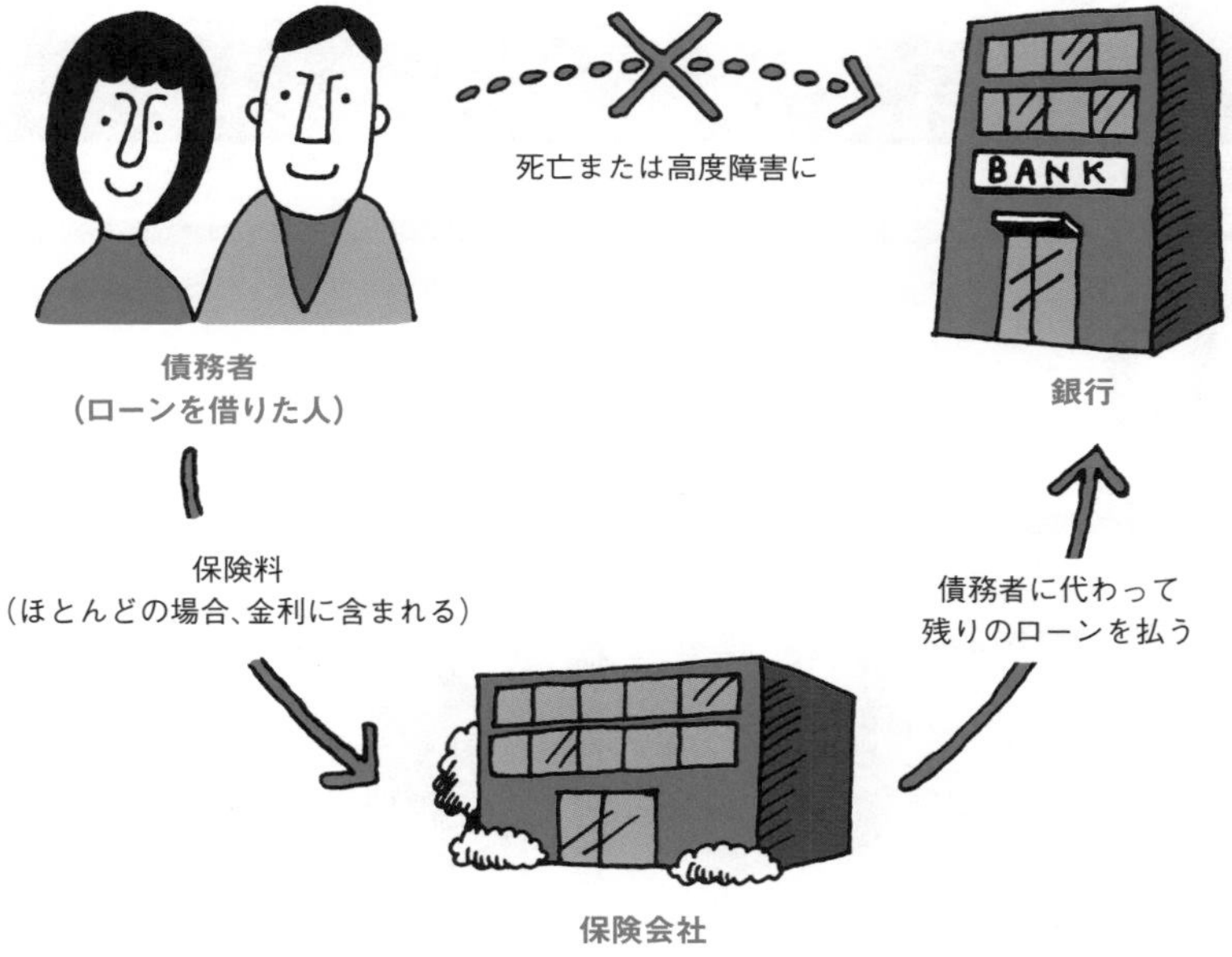

団体信用生命保険に、三大疾病保障などを選択できる金融機関も多くあります。がんや脳卒中、急性心筋梗塞の三大疾病で所定の状態になった場合にも保障されるものです。他にも８大疾病保障、11疾病保障などもあります。保障があつくなれば、その分金利上乗せがあり、健康状態の告知項目も増えます。保障内容はさまざまですから、ローンの申し込み時に確認しておきましょう。

注目キーワード

【新機構団信と新３大疾病付機構団信】

フラット35および機構財形住宅融資は原則団信付きで、新機構団信と新３大疾病付機構団信の２種類から選択が可能、特約料（保険料）は金利に含まれている。新３大疾病付機構団信に加入した場合は新機構団信付融資の借入金利に0.24%上乗せとなる。

QUESTION 16

お金の基礎知識

火災保険はどうやって選ぶの？

Q

家が火事にあう可能性があるので、
火災保険には入った方がいいとは思いますが、
火災保険ってどれも同じですか？
どうやって選んだらいいのでしょう？

A

西澤さん　火災保険は火災だけを補償する保険ではないんです。左頁にあるように、さまざまな災害や事故を補償する保険です。

星子さん　どの保険でも補償内容はみんな同じなんですか？

西澤さん　補償の内容や範囲に大きな違いはありませんが、最近は補償を自分で選択できる火災保険もあります。

星子さん　保険金額はどうやって決めたらいいですか？

西澤さん　建物を「時価額」で評価する方法と「**再調達価額**」で評価する方法とがありますが、後者が一般的です。被災後も同等の家が再築できる保険金を受け取れることが望ましいですからね。

星子さん　では保険期間はどうでしょう？

西澤さん　保険期間が長いほど保険料は割安ですし、フラット35などは借入期間中の加入を条件にしています。しかし、保険期間の最長は5年なので、以後も継続する場合は契約の更新が必要です。また、途中で解約しても経過期間に応じた解約返戻金があります。

ここがポイント！

Point 01　火災保険の補償内容には火災の他、落雷や水災などもある。最近では補償内容を選択できる商品もある。

Point 02　建物の評価方法には「時価額」と「再調達価額」があるが、後者を保険金額とするのが一般的。

Point 03　保険期間が長いほど保険料は割安。ただし、保険期間の最長は５年。以後継続する場合は契約更新が必要。

さまざまな災害や事故を補償する火災保険

住宅総合保険の例

火災　失火の他、もらい火、放火、消火活動による水濡れや破損等も含む

落雷

破裂・爆発　ガス爆発など

風災・ひょう災・雪災　台風や旋風、暴風雨、豪雪、雪崩等による損害で、洪水、高潮、融雪洪水等によるものを除く

水災　台風や集中豪雨などによる床上浸水、土砂崩れなどの損害

飛来・落下・衝突　建物の外部からの物体の飛来、落下、自動車の飛び込みなど

水濡れ　給排水設備に生じた事故や他人の戸室で生じた事故に伴う漏水による水濡れ等

騒擾・集団行動等に伴う暴力行為

盗難による盗取・損傷・汚損

不測かつ突発的な事故　破損・汚損

※上記の損害保険金に加えて臨時費用保険金や残存物取り片づけ費用保険金などの費用保険金や個人賠償責任等の特約もある

これらの補償がすべてパッケージになっている商品もあれば、補償を選べる商品もあります。地域のハザードマップ等でマイホームのリスクを調べ、必要な補償を選択すれば保険料を軽減することもできます。例えば高台の上に立地し、近くに河川や崖などがないなら「水災」を外すという選択も可能。一方で「水災」は保険金支払い事故件数のトップでもありますので、補償の選択は充分注意し、情報を収集して行いましょう。

注目キーワード

【失火責任法】

民法の特別法である通称「失火責任法」では、火元が故意または重大な過失で発生させた火災でない限り、延焼先に対する賠償責任は生じないと定めている。「自分の家は自分で守る」を基本に、火災保険はしっかり準備しておきたい。

地震保険の入り方は？

Q 火災保険の補償内容には地震が入っていないので、地震に備えるには、地震保険に入らなくてはいけないって聞いたんですけど、加入にあたっての注意点を教えてください。

A

星子さん　阪神淡路大震災や東日本大震災を経験して、地震への備えも大事だなって思うんです。地震で家が倒れたりした時、**地震保険**に入っていないと補償されないんですよね？

西澤さん　そうです。地震や噴火、またはこれらによる津波を原因とする火災、損壊などの場合、地震保険に入っていないと保険金を受け取ることができません。

星子さん　地震が原因の火災は火災保険では補償されないんですね。じゃあ、地震保険にも入らないといけませんね。

西澤さん　ただ、地震保険は単独で加入できる保険ではなく、火災保険に付帯して、セットで加入するものなんですよ。

星子さん　では保険金額や保険期間も火災保険と同じですね？

西澤さん　いいえ、保険金額は火災保険金額の30～50％の範囲内で、建物は５０００万円が上限です。保険期間は最長でも5年です。地震保険金で建物の再築は難しいですが、被災後の生活再建のためにはやはり加入しておきたいですね。

ここがポイント！

Point 01　地震や噴火、またはこれらによる津波を原因とする火災、損壊などは地震保険で補償される。

Point 02　地震保険は単独の保険ではなく、火災保険とセットで加入する。

Point 03　保険金額は火災保険金額の30～50％の範囲内で、建物は5000万円が上限。期間は最長で5年。

地震保険の保険料と割引制度について知っておこう

保険料は保険の対象である建物の構造や所在地によって決まる

〈構造〉

イ構造：耐火建築物、準耐火建築物および省令準耐火建築物（主として鉄骨・コンクリート造の建物）
ロ構造：イ構造以外（主として木造の建物）

・保険料はイ構造 ＜ ロ構造

〈所在地〉

建物の所在地（都道府県）によって異なり、随時、改定を行っている。

また、保険料の地域差は2014年以降、拡大を続けており、もっとも保険料が高い千葉、東京、神奈川、静岡の１都３県の保険料は最安都道府県の約3.6倍超となっている。

〈割引制度〉

地震保険には現在以下の４つの割引制度があり、該当するものの中から有利なものを一つ選択することができる。ただし、割引を受けるためには一定の要件を満たし、それを証明する確認資料の提出が必要。

・建築年割引（割引率10％）
・耐震等級割引（割引率10％～50％…耐震等級が高いほど割引率が高い）
・免震建築物割引（割引率50％）
・耐震診断割引（割引率10％）

※2014年7月の地震保険料改定後に契約した場合

注目キーワード

【地震保険料控除】

１年間に負担した地震保険料に応じて一定額をその年の所得から控除し、所得税と住民税の負担を軽減できる制度が地震保険料控除。地震保険は火災保険とセットで契約するが、火災保険料分は控除の対象外。

QUESTION | 18

お金の基礎知識

家財の保険には入るべき？

Q

万が一､火事や地震などにあって家が損害を被っても
火災保険や地震保険に入っておけば安心ですね。
でも家の中には洋服や家具､家電などもありますが、
これらの損害も補償されるのでしょうか？

A

星子さん　火災保険に入っていて、例えば火事にあって家が全焼してしまったら、保険金で家は再築できますが、家の中にあった洋服や家具なんかはどうなるのでしょう？　その費用まで保険金は入ってきませんよね？

西澤さん　火災保険も地震保険も建物だけではなく、**家財**も保険の対象（目的）にしておくと日用品や洋服、家具、家電などの家財の損害も補償されますよ。

星子さん　家財にも火災保険や地震保険をそれぞれ掛けられるわけですね。ではいくらくらい掛けておくといいんでしょうか？

西澤さん　家財の数や価格を確認できるといいのですが…。

星子さん　それは大変ですね。

西澤さん　そのため、損害保険会社では総務省の家計データなどをもとに、世帯主の年齢や家族構成ごとに家財の目安になる金額の表を作成しています。左頁にその一例を示しましたので、この金額を元に検討してみるといいですね。ただし家財を対象とする地震保険金額は1000万円が上限です。

ここがポイント！

Point 01 | 火災保険や地震保険は建物だけでなく、家財も保険の対象(目的) とすることができる。

Point 02 | 損害保険会社は家財の金額の目安となる表を作成しているので、これを元に金額を検討するとよい。

Point 03 | 家財を対象とした地震保険の保険金額は 1000万円が上限。

保険金額は家財の新価の目安を参考に検討する

家財の新価の目安

家族構成		2名／大人のみ	3名／大人2名＋子ども1名	4名／大人2名＋子ども2名	5名／大人2名＋子ども3名	独身世帯
世帯主の年齢	25歳前後	490万円	580万円	670万円	760万円	300万円
	30歳前後	700万円	790万円	880万円	970万円	
	35歳前後	920万円	1000万円	1090万円	1180万円	
	40歳前後	1130万円	1220万円	1310万円	1390万円	
	45歳前後	1340万円	1430万円	1520万円	1610万円	
	50歳前後（含以上）	1550万円	1640万円	1730万円	1820万円	

※2023年6月時点

世帯主の年齢と
家族構成が
目安になるんだね！
洋服
家具
家電
e.t.c…

注目キーワード

【明記物件】

1個または1組の価額が30万円超の貴金属や宝石、美術品などは明記物件と呼ばれ、時価を基準に保険金額を算出し、家財一式とは別枠で補償をつける必要がある。なお、保険会社によって契約の内容が異なるので、まずは保険会社に相談しよう。

COLUMN

入居後にかかるお金のことも考えておこう

家を取得するためのお金だけでなく、家を取得した後にかかるお金のことも考えたうえで資金計画を立てることが大切。賃貸住まいなら、建物や土地にかかる税金や設備のメンテナンス費用は貸主が負担しますが、「マイホーム」となればすべて負担は自分自身。定期的にかかるランニングコストや、不意の出費なども把握しておきましょう。忘れがちなのは光熱費の増額。最近は給湯・冷暖房機器も省エネ化が進んでいますが、家の規模が大きくなれば、その分光熱費がかさむ可能性も。また、毎年かかる固定資産税は、軽減措置の期間が終わると税額が増えます。さらに、マンションの場合、修繕積立金が数年ごとに増額になることも忘れずに。入居後の家のコストが家計を圧迫しないよう、住宅ローンは余裕をもたせて借りるようにしたいですね。

入居後にかかるお金

マンション・一戸建て共通のコスト

- 固定資産税・都市計画税
- 火災保険料・地震保険料
- 光熱費の増額分
- 町内会費

マンションでかかる主なコスト

- 管理費
- 修繕積立金
- 駐車場代
- 駐輪場代
- 専用庭・ルーフバルコニー使用料
- トランクルーム使用料
- 共用施設使用料(ゲストルーム、キッズルームなど)
- インターネット・ケーブルテレビなどの共用設備使用料
- 住戸内設備機器のメンテナンス・交換費用
- 専有部分の修繕費およびリフォーム費用

一戸建てでかかる主なコスト

- リフォーム費用
- 外壁や屋根のメンテナンス費用
- 設備機器のメンテナンス・交換費用
- 建て替え費用

第3章

安心な資金計画の第一歩のために

住宅ローンの基礎知識

住宅ローンは借入額が大きく、返済期間は長く続きます。だから、資金計画は慎重に。住宅ローンについての基本的なことを知っておくことが、安全な資金計画の第一歩。住宅ローンの種類や借りられる金額のことを解説します。

QUESTION 19

住宅ローンの基礎知識

住宅ローンは、どれも同じ？

Q

銀行がそれぞれに住宅ローンを出していますよね。
たくさんあって、どれを選んだらいいのか…。
住宅ローンって、銀行によって違いはあるのですか？

A

西澤さん　住宅ローンは、いろいろな商品がありますし、同じ銀行の住宅ローンでもいろいろな金利タイプがあったり、返済方法が選べたりします。銀行によって、事務手数料などの諸費用も違ってきますから、どれも同じということはないんですよ。

星子さん　同じ銀行から借りても、いろいろあるんですか？

西澤さん　そうなんです。第４章でも説明しますが、金利には**変動金利型**、**固定期間選択型**、**全期間固定金利型**といったタイプの違いがあって、それぞれ金利や借りた後の金利の動き方が違います。また、店頭表示金利よりも引き下げられた**金利**が適用になる場合も多く、その引き下げ幅もいろいろ。

星子さん　迷いそう…。

西澤さん　他にも、**元利均等返済**と**元金均等返済**という、返済方法の違いがあったり…。

星子さん　どういう借り方、返し方にするかで、返済額が違ってくるんですね。

西澤さん　そうなんです！　だからこそ、よく比べて決めたいですね。

ここがポイント！

Point 01　同じ銀行で借りても金利のタイプや返済方法によって、返済額が違ってくる。

Point 02　店頭表示金利よりも低い金利になる引き下げ金利。同じ銀行でも複数の種類から選べる場合がある。

Point 03　借りる際の保証料や事務手数料の他、繰り上げ返済や条件変更手数料など返済中のコストもいろいろ。

住宅ローンは選び方・返し方がいろいろある

金利タイプ

変動金利型
固定期間選択型
全期間固定金利型
金利ミックスなど

→ 92頁～参照

返済方法

毎月返済のみ
ボーナス併用返済
元利均等返済
元金均等返済

→ 116頁～参照

引き下げ金利

全期間一律引き下げ
当初期間大きく引き下げ

→ 104頁～参照

その他、住宅ローン商品によって違うもの

保証料
事務手数料
繰上返済手数料
条件変更手数料など

→ 76頁～参照

住宅ローンって、銀行ごとに特徴があるし、同じ銀行で借りても借り方のバリエーションはさまざま。いろいろあるということは、自分に合った借り方・返し方がつくりやすいということでもありますね。

注目キーワード

【つなぎ融資】

通常、住宅ローンは完成した建物を担保に融資実行されるため、注文住宅建築など、融資実行以前に資金が必要となる場合に、一時的に借りるローンをつなぎ融資という。短期の融資だが、通常の住宅ローンより金利が高いことが多い。

QUESTION 20

住宅ローンの基礎知識

どこへ借りに行けばいい？

Q

銀行によってローン商品が違うなら、
いろいろ行って、話を聞いてみたいのですが、
住宅ローンって、今まで利用したことのない
銀行でも借りられるんでしょうか？

A

西澤さん　もちろん、今、おつきあいしていない銀行からでも、住宅ローンを借りることはできますよ。引き下げ金利を適用する場合に、給与振込口座や公共料金の引き落とし口座に指定などの条件がある場合がありますが、実際にローンを借りるときに必要な手続きをすればいいんです。

星子さん　でも、いろいろな銀行に直接出向くのは大変そう。

西澤さん　直接金融機関に行かなくても、買おうかなと検討している物件の販売センターやモデルハウスで、**提携ローン**などの斡旋をしてくれるんです。複数の提携ローンがあれば比較検討もできるし、物件によっては銀行に行かないままローン契約ができることもあるんですよ。

星子さん　それは便利ですね！

西澤さん　また、最近ではインターネットで事前審査や申し込み手続きができる金融機関も多いですね。自宅で手続きができるので忙しい方には便利ですが、手続きに時間がかかる場合もあるので早めに申し込んだほうがいいですね。

ここがポイント！

Point 01　今まで取り引きをしたことのない銀行でも、住宅ローンを借りることはもちろんできる。

Point 02　検討物件があるなら販売センターやモデルハウスで、住宅ローンを斡旋してくれることもある。

Point 03　インターネットで事前審査や申し込み手続きができる銀行が増えてきている。

住宅ローンを借りるときには、ここへ行く

銀行などの金融機関

借りたいローンを扱っている金融機関へ。
普段つきあいのない銀行でもOK。

モデルルームやモデルハウス

提携ローンを利用する場合はモデルルームやモデルハウスで手続きの一部代行をしてもらえて便利。

インターネット

ネット銀行だけでなく、インターネットで事前審査や申し込み手続きができる銀行も増えている。

注目キーワード

【住宅ローン相談会】

住宅ローンについて、直接銀行で話を聞きたくても、平日昼間は仕事で時間がとれない人も多いはず。多くの銀行で土日や夕方以降などに「住宅ローンの相談会」を開いているので活用するのもいいだろう。予約が必要かどうか、あらかじめ確認を。

QUESTION 21

住宅ローンの基礎知識

住宅ローンは銀行だけ？

Q

住宅ローンって、銀行から借りるイメージ。
でも、銀行からしか借りられないのでしょうか？
住宅ローンを取り扱っている会社って、
他にもいろいろありそう。

A

西澤さん　住宅ローンを取り扱っている会社は、他にもいろいろ。

公的な機関も住宅のためのローンを取り扱っています。

星子さん　公的なローンもあるんですか？　知りませんでした！

西澤さん　財形貯蓄をしている人が利用できる**財形住宅融資**は代表的な公的ローンですね。また、民間ローンですが、**フラット35**は知っていますか？

星子さん　聞いたことがあります。

西澤さん　フラット35は銀行などで扱っていますが、公的な独立行政法人住宅金融支援機構がバックアップしているんです。

星子さん　民間のローンには他にどんなものがありますか？

西澤さん　住宅ローン専門会社や農協、保険会社、勤務先の融資などいろいろなものがありますよ。

星子さん　またまた迷いそう…。

西澤さん　フラット35は全期間固定金利、財形住宅融資は5年固定など特徴もいろいろ。変動金利や短期固定期間選択型が得意な融資先もあるので、探す対象を広げ、比較検討しましょう。

ここがポイント！

Point 01　財形融資など公的なローンや、フラット35のように公的機関がバックアップしている住宅ローンも。

Point 02　農協や保険会社、住宅専門のローン会社などの他、従業員への融資制度を設けている企業もある。

Point 03　融資先によってさまざまな特徴があるので、探す対象を広げて、比較検討をするのがおすすめ。

住宅ローンの主な種類を知っておこう

公的なローン	● 住宅金融支援機構（ただし、自然災害により被害が生じた住宅の所有者など一部の方のみ） ● 財形住宅融資（56頁） ● 自治体融資
公的な機関がバックアップする民間のローン	● フラット35（58頁） ● フラット20 ● フラット50 ● リ・バース60（150頁）
民間のローン	● 銀行・信用金庫 ● 農協（JA） ● 住宅ローン専門会社 ● 保険会社 ● ネット銀行（62頁） ● 勤務先の融資制度 ● 公務員共済

注目キーワード

【住宅金融支援機構】

住宅金融支援機構は、旧住宅金融公庫の業務を継承して 2007 年4月に発足した独立行政法人。フラット35などのバックアップの他、災害復興などの政策上重要で民間金融機関では対応が困難な融資業務などを行う。フラット35や返済などに関する電話相談も実施。

QUESTION 22

住宅ローンの基礎知識

財形貯蓄は、役に立つ？

Q

7年前に入社した時から
毎月1万円の財形貯蓄をしています。
先日、先輩が「財形を使ってローンを借りた」、
と言っていたのですが、どういう意味でしょう？

A

星子さん　最近家を建てた先輩が、住宅ローンは**財形住宅融資**から借りた、と言っていたんです。

西澤さん　財形貯蓄をしていて、一定の条件を満たしていれば、住宅取得のための融資が受けられるんですよ。

星子さん　そうなんですね！　でも私のは「一般財形貯蓄」というものなんです。「財形住宅貯蓄」のほうじゃなければだめですか？

西澤さん　いえいえ大丈夫。財形住宅貯蓄に限らず、一般財形貯蓄でも財形年金貯蓄でも、借りられるんですよ。

星子さん　私も借りられるかも！

西澤さん　利用するための条件は左頁に書いてあるので、確認してみてくださいね。

星子さん　注意しておくことはありますか？

西澤さん　金利が5年固定制です。完済まで5年ごとに金利を見直しますので、将来、金利が上がって返済額が増える可能性があります。返済期間を長くするなら、金利が上がった場合に返済できる余裕があるか、よく検討しましょう。

ここがポイント！

Point 01　給与天引きの財形貯蓄をしている人が、財形住宅融資を利用することができる。

Point 02　財形住宅貯蓄だけでなく、一般財形貯蓄、財形年金貯蓄をしている人も対象。

Point 03　金利は5年固定制。将来の金利上昇リスクも考えたうえで、借入額を決めることが大切だ。

財形住宅融資の主なポイントを知っておこう

借りる人の条件	● 給与天引きの一般財形貯蓄、財形年金貯蓄、財形住宅貯蓄のいずれかを1年以上続け、申し込む日の前2年以内に預け入れを行っていること。かつ、申し込み日に残高が50万円以上ある人 ● 勤務先から利子補給や住宅手当などの負担軽減措置が受けられる人 ● 年収に占める総返済負担額の割合が年収400万円未満の人が30%以下、年収400万円以上の人は35%以下であること ● 申し込み時の年齢が70歳未満
住宅の条件	● 住宅金融支援機構の定める技術基準にあてはまる住宅であること ● 他に床面積などに一定の要件がある
融資額	● 財形貯蓄の合計残高の10倍、または住宅取得価額の90%のどちらか少ないほう(100万円以上、10万円単位) ● 最高4000万円
返済期間	● (1)10年以上35年以内(1年単位) ● (2)完済時年齢が80歳になるまでの期間 (1)または(2)のいずれか短いほう
金利タイプ	● 5年固定金利制 ● 申し込み時の金利が適用
返済方法	● 元利均等返済、元金均等返済から選択 ● 毎月払い、ボーナス併用払い(借入額の40%以内、50万円単位)から選択

※ 機構財形住宅融資の場合。一部の中古住宅の返済期間は最長25年

注目キーワード

【財形住宅融資の窓口】

財形住宅融資には勤務先が窓口になる「事業主転貸」と、財形住宅金融（株）が窓口になる「転貸融資」、住宅金融支援機構が扱う「機構財形住宅融資」がある。自分の勤務先はどちらを使えるのか、社内の担当部署に確認してみよう。

QUESTION 23

住宅ローンの基礎知識

「フラット35」って何？

Q

フラット35ってあちこちの銀行で取り扱っているんですね。
どこで借りても同じなのでしょうか？

A

西澤さん　**フラット35**は全期間固定金利型の住宅ローンです。**住宅金融支援機構**（旧住宅金融公庫）が民間の金融機関をサポートして、各金融機関から提供されているものなんですよ。

星子さん　全期間固定金利型というのは安心ですね！

西澤さん　住宅金融支援機構がローンを買い取ったり（**買取型**）、保証したり（**保証型**）することで金融機関をサポートしています。**保証料**や**繰り上げ返済手数料**が無料などのメリットがあるんですよ。

星子さん　いいことずくめ！

西澤さん　ただし注意したいのは、窓口になる金融機関によって金利や事務手数料が違うこと。また、フラット35のうち借入期間が15年以上20年以下を選択した場合を**フラット20**といい、長期優良住宅を対象とした借入期間が最長50年の**フラット50**というローンもあります。それぞれ金利条件等が異なり、選び方によって総返済額や諸費用が違ってきますので、借入期間も含めていくつか比較してみるといいですね。

ここがポイント！

Point 01　全期間固定金利型の住宅ローン。借りるための条件は、買取型はどの金融機関も同じ。

Point 02　保証料無料、繰り上げ返済手数料無料などのメリットがある。

Point 03　金融機関によって金利や事務手数料の金額が違っているので、複数の金融機関をチェックしておこう。

フラット35の主なポイントを知っておこう

借りる人の条件	● 申し込み時の年齢が70歳未満 ● 年収に占める総返済負担額の割合が年収400万円未満の人が30%以下、年収400万円以上の人は35%以下であること
住宅の条件	● 住宅金融支援機構の定める技術基準にあてはまる住宅であること ● 床面積や建築基準等に一定の要件がある
融資額	● 100万円以上8000万円以下（1万円単位）で、建設費または購入価額以内
返済期間	● (1)15年(60歳以上なら10年)以上35年以内(1年単位) ● (2)完済時年齢が80歳になるまでの期間 (1)または(2)のいずれか短いほう
金利タイプ	● 全期間固定金利（金利は金融機関によって、また借入期間が20年以下か20年超か、融資率が9割以下か9割超か、加入する団信の種類などで異なる） ● 融資実行時の金利が適用
返済方法	● 元利均等返済、元金均等返済から選択 ● 毎月払い、ボーナス併用払い（借入額の40%以内、1万円単位）から選択

※ 買取型の場合

フラット35は、一定の基準を満たしている物件であることが融資条件です。基準をクリアしていること示す「適合証明書」が必要になるなど、銀行の住宅ローンに比べて少し手間がかかります。

注目キーワード

【買取型と保証型】

フラット35は買取型と保証型がある。買取型はどの金融機関で借りても融資条件は一定だが、保証型は取扱金融機関によって異なるので、利用の際には確認が必要。なお、現在、保証型の新規受付を行っている金融機関は10機関のみ。(2023年10月現在)

QUESTION 24

住宅ローンの基礎知識

「フラット35S」って何？

Q

「フラット35」については、
58頁で理解したのですが、
最近「フラット35S」というのを耳にしました。
フラット35とどう違うのですか？

A

星子さん　**フラット35Sはフラット35と何が違うのですか？**

西澤さん　フラット35の基準に加えて一定の技術基準を満たした住宅の購入に利用できるものです。

フラット35よりも低い金利が返済開始から一定期間適用になるので、毎月返済額や総返済額をより少なくすることができます。新築物件だけでなく、中古物件でも条件をクリアすれば利用できます。ただし期間限定の制度で、その対象期間ごとに住宅の要件や金利の引き下げ幅などが変わります。

星子さん　金利はフラット35よりどれくらい低いのですか？

西澤さん　「ZEH」は当初5年間0.5％、6年目から10年目まで0・25％、「金利Aプラン」は当初10年間0・25％、「金利Bプラン」は当初5年間0・25％引き下げられます。いずれのプランでも新築、中古それぞれに決められた住宅性能の基準を満たすことが引き下げの条件です。利用できる金利プランはハウスメーカーや工務店、不動産会社に確認しましょう。

ここがポイント！

Point 01　機構の技術基準を満たした住宅の購入に利用でき、一定期間低い金利が適用になる。

Point 02　ZEHは返済スタートから５年間は−0.5％、以後の５年間は−0.25％、フラット35の金利から引き下げられる。

Point 03　金利 Aプランは返済スタートから 10年間、金利 Bプランは 5年間、金利が−0.25％引き下げられる。

返済スタートから一定期間、「フラット35」より低金利

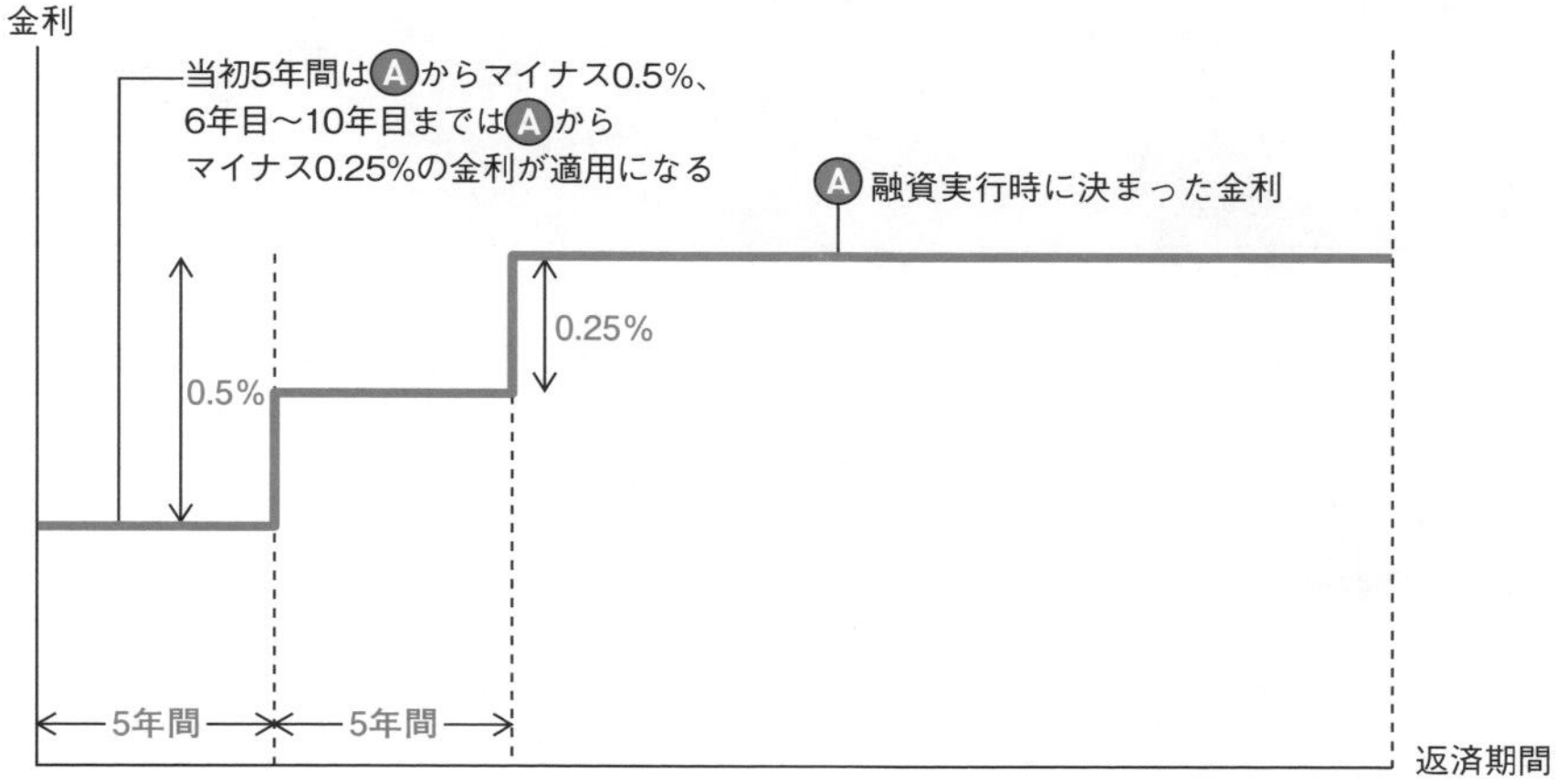

※ フラット35S（ZEH）の場合

プランの名前	金利引き下げ幅※と期間
フラット35S（ZEH）	当初5年間−0.5%、6年目～10年目まで−0.25%
フラット35S（金利Aプラン）	当初10年間−0.25%
フラット35S（金利Bプラン）	当初5年間−0.25%

※ フラット35の金利からの引き下げ幅

フラット35Sのほうが、当初の金利が低い分、総返済額が少なくなりますね。
また、この引き下げ適用はフラット20やフラット50でも利用できます。
なお、フラット35Sには申込み期限があり、また予算金額に達する見込みとなった場合は期限前に受付を終了します。詳しくはフラット35サイト（www.flat35.com）で確認しましょう。

注目キーワード

【フラット35（ZEH）】

2022年10月より新設された金利引き下げメニュー。大幅な断熱性能等の向上や省エネルギーを実現したうえで、再生可能エネルギー等の導入により、年間の一次エネルギー消費量の収支をゼロとすることを目指した住宅の取得に適用となる。

QUESTION 25

住宅ローンの基礎知識

ネット銀行はどうなの？

Q

友だちが「ネット銀行は金利が低くていいよ！」と言うのですが、よくわからなくて不安。ネット銀行ってどうなんですか？住宅ローンを借りるメリットはありますか？

A

星子さん　**ネット銀行**は、なんとなく不安なんです。友だちに聞いても「詳しいことは知らない」という人もいるし。顧客とはどうやってやりとりするのですか?

西澤さん　直接顔を合わせることはありませんが、インターネットや電話、郵便局・一般銀行・コンビニなどの提携ATMを利用して取り引きしています。店舗数を抑えている分、コストを圧縮でき、一般の金融機関より低金利。保証料や繰り上げ返済手数料が無料の場合がほとんどです。

星子さん　それはいいですね。

西澤さん　デメリットもあるんです。たとえば借地権、市街化調整区域の物件に使えないなど制限がある場合があります。また、ハウスメーカーや不動産会社などの斡旋が受けられない場合がほとんどなので、手続きを自分でやらなくてはなりません。事務手数料が高額な銀行もあります。また、年度末などの混雑時には審査に時間がかかることも。必要書類の不備にも気づきにくいので、早めに準備しましょう。

ここがポイント！

Point 01	店舗を少なくしてコストを圧縮できる分、ローンは一般の銀行よりも低い金利で提供されている。
Point 02	保証料や繰り上げ返済手数料が無料だが、事務手数料が高額な銀行もある。
Point 03	ローンの申し込みが多い時期は、借りられるかどうかの審査に時間がかかることがあるので注意。

こんな人はネット銀行の住宅ローンも検討してみよう

- 平日の日中は忙しくて銀行に行く余裕がない
- こまめに繰り上げ返済をする予定
- ハウスメーカーや不動産会社などに任せず、自分で手続きするのが苦にならない
- 金利の動きや借り換えなどの情報に敏感
- 返済額の試算などを自分ですることができる

ネット銀行の住宅ローンは上手に活用すれば便利です。メリットもデメリットも把握して、納得したうえで利用しましょう。

注目キーワード

【ネット銀行のメリット・デメリット】

各行のコールセンターが土日や祝日も対応したり、「自動繰り上げ返済」「部分固定金利特約」などの独自のサービスがあったりする点などがメリット。一方、ローン特約の対象にならないことが多く、個別の対応に融通がききづらいことなどがデメリットといえる。

QUESTION 26

住宅ローンの基礎知識

提携ローンって何？

Q

モデルルームに見学に行ったら、
提携ローンが使える物件だと言われました。
提携ローンって何ですか？
どんなメリットがあるのでしょうか？

A

星子さん　「**提携ローン**」ってマンションのチラシなどにも書いてあって、気になっていたのですが、実際、よくわからなくて。

西澤さん　金融機関がハウスメーカーや不動産会社などとのこれまでの取り引きや建てる物件の担保価値を認めて、一般の住宅ローンよりも有利な条件で貸し出すローンです。

星子さん　では、メリットがいろいろあるんですね？

西澤さん　物件によっては、一般の引き下げ金利よりもさらに金利を引き下げているケースがあります。また、銀行が物件の担保価値をすでに把握しているので、申し込む人の返済能力などの審査だけで済み、融資が可能かどうかの審査が早いことも。ローン特約の対象にもなります。

星子さん　手続きはラクですか？

西澤さん　ハウスメーカーや不動産会社などがローン手続きの一部を代行してくれるので、手数料はかかりますが、何度も銀行に足を運ぶ必要がなく、忙しい方にはおすすめですね。

ここがポイント！

Point 01　自分で銀行に直接申し込む場合よりも、低い金利で借りることができる場合がある。

Point 02　融資の審査が比較的短期間で済むうえ、ローン特約の対象にもなるため安心。

Point 03　ハウスメーカーや不動産会社が手続きの一部を代行してくれる場合が多く、手間がかからない。

提携ローンなら銀行とのやりとりの手間も省ける

提携ローンを借りる場合と、自分で直接借りる場合の違い

	提携ローンを借りる場合	自分で銀行を探して借りる場合
金利	提携先の銀行から直接借りるよりも低金利の場合がある。	さまざまな金融機関を比較検討して選ぶことができる。
手数料	銀行へ払う事務手数料の他に、ハウスメーカーや不動産会社などに払う手数料がかかる場合がある。	銀行へ払う事務手数料が必要。
審査	物件に対する審査が終わっているので、申し込む人の審査のみ。審査は短期間で済むことが多い。	申し込む人の審査の他に、物件の審査が行われる。提携ローンに比べて審査に時間を要することがある。
手続き	ハウスメーカーや不動産会社などの担当者が、審査のための手続きをしてくれる。大規模マンションなどでは、契約も銀行が来てくれることがあり、借りる人は一度も銀行へ行かずに済む場合も。なお、提携ローンを利用する場合、予定していた条件で融資が受けられなかった場合に売買契約を解除できるローン特約の対象になる。	事前審査や本審査、ローン契約などのたびに、銀行へ出向いたり、郵送などで手続きをする必要がある。なお、ローン特約の対象にならない場合がほとんど。

注目キーワード

【ローン特約】

住宅ローンが借りられることを前提に住宅取得を検討する場合、融資が受けられなければ住宅取得ができなくなる。そこで、予定していた条件で融資が受けられなければ売買契約を解除できるのがローン特約。提携ローンはローン特約の対象になるので安心だ。

QUESTION 27

住宅ローンの基礎知識

ローンは誰でも借りられる？

Q

クレジットを組むときでも審査がありますよね？
ということは、
たくさんのお金を借りる住宅ローンの場合は
もっと厳しい審査があるのでしょうか？

A

西澤さん　融資を受けるためには、**審査**があります。

星子さん　やはりそうですか。どんなことを審査されるんですか？

西澤さん　審査内容は金融機関によって異なり、非公表です。審査に影響するのは収入や勤続年数、現在返済中の借り入れ、過去にローンやクレジットの延滞がないかどうかといった信用情報などです。

星子さん　たとえば、同じくらいの年収の友だちが3000万円を借りられたからといって、自分も借りられるとは限らないんですね。

西澤さん　そうなんです。安定性、継続性のある収入かどうかは、人によって違いますからね。年齢や収入に見合った借入金額や返済期間かどうかもチェックされます。

星子さん　もし、審査の基準に満たないと借りられないんですか？

西澤さん　借りられないケースもありますし、融資額や返済期間の見直しを求められることもあります。また、金利の引き下げ幅、保証料にも影響します。融資の審査はケースバイケースですね。

ここがポイント！

Point 01	住宅ローンを借りるには、融資審査がある。
Point 02	収入の安定性、継続性が審査のポイント。勤続年数や勤務先、資格の有無、信用情報などが影響する。
Point 03	審査基準に満たないと、希望の金額が借りられなかったり、融資が受けられないことも。

審査に通るためにつけておきたいポイント

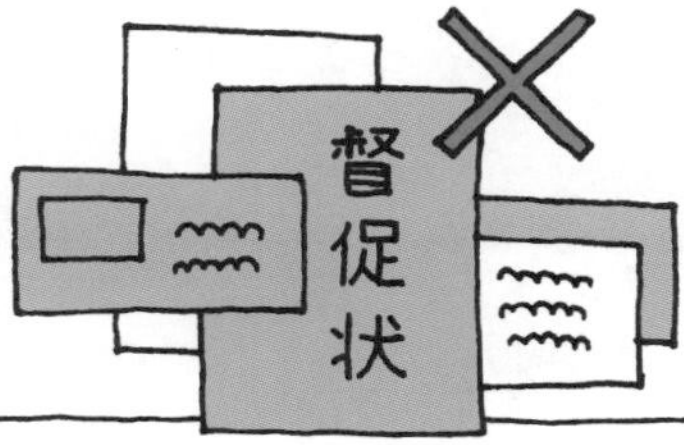

クレジットやローンの延滞はしないこと

クレジットカードを作ったり借り入れをしたときに、その情報は信用情報として記録される。延滞などの記録は5〜10年間残るため、過去に延滞をしたことのある人は注意。住宅ローンが借りられないことも。

現在返済中のローンを完済しておく

車のローンやリボ払いなど、返済中のローンがある場合は住宅ローンを申し込む前に完済してしまうのがベスト。また､携帯電話（スマートホン）の分割購入も借入とみなされる。融資額が減る場合があるので注意が必要。

勤続年数は3年が目安

短期間で転職を繰り返している人は、住宅ローンが借りにくいといえる。スムーズに審査を通るためには勤続３年以上が目安。ただし、同職種でキャリアアップのための転職なら審査に影響はないこともあるので銀行に相談しよう。なお、フラット35の場合は、原則申し込み年度の前年の収入で審査する。

健康状態

民間の住宅ローンの多くは団体信用生命保険への加入が必須条件。生命保険に加入できる健康状態であることが必要。

注目キーワード

【審査金利】

一般的に銀行の住宅ローンには、他の借入分も含めた年間総返済額が税込み年収の35%以内などの基準がある。ただし、実際の金利ではなく高めの金利で算出された年間総返済額で審査されるため、融資額が抑えられることもある。

銀行からいくら借りられる？

Q

家を買うにはたくさんのお金を
借りなくてはなりません。
銀行からはいくらくらい借りられるものなのですか？

A

星子さん　融資の審査条件をクリアできていて、融資が受けられる場合、いくらくらい借りられるものなのでしょうか？

西澤さん　**借入可能額**はいくつかのポイントで決まります。まず家を買うための費用。これ以上を借りることは原則できません。

星子さん　住宅ローンで車も買っちゃうって、できないんですね。

西澤さん　はい。それから、住宅ローンおよび他の借入金を含む年間総返済額が、税込み年収の35％以内までという条件を設定している銀行が多いですね。

星子さん　年収５００万円なら、その35％は１７５万円ですね。借入可能額はいくらでしょう？

西澤さん　金融機関や金利でも違ってきますが、左頁の表を参考にしてみてください。

星子さん　年収５００万円で25年返済なら３２５０万円ですね。

西澤さん　とはいえ、銀行から借りられる上限を借りると、返済は決してラクではありません。借入可能額ではなく、返済に無理のない金額を借りるようにしましょう。

ここがポイント！

Point 01　税込み年収に対する住宅ローンの年間総返済額は35％まで、という基準を設けている銀行が多い。

Point 02　物件価格に対して、家の担保価値がどれくらいあるかによっても、借りられる金額の上限が変わる。

Point 03　夫婦の収入を合算することができれば、借りられる金額が増える場合もある。

銀行の住宅ローンの借りられる金額はこうして決まる

都市銀行Aの場合

条件1

融資額1億円以内

条件2

住宅の取得費用の100%以内

条件3

税込み年収に占める年間返済額の割合が35%以下

借入可能額の目安

（金利2.5%、元利均等返済、税込み年収に占める年間返済額の割合が35%の場合）

税込み年収	25年返済	30年返済	35年返済
300万円	1950万円	2214万円	2447万円
400万円	2600万円	2952万円	3263万円
500万円	3250万円	3691万円	4079万円
600万円	3901万円	4429万円	4895万円
700万円	4551万円	5167万円	5710万円
800万円	5201万円	5905万円	6526万円

上の3つの条件のうち、いちばん少ない金額が住宅ローンの借入可能額。実際に借りられる金額は、勤続年数や勤務先の安定性、年齢などによって違ってきます。

注目キーワード

【総返済負担率】

総返済負担率とは税込み年収に占める年間総返済額の割合を指す。多くの住宅ローンが35%を総返済負担率の上限にしているが、上限を借りると家計が厳しくなることが多い。安心して返済するには総返済負担率はできるだけ低く、多くても25%以下に抑えたい。

QUESTION 29

住宅ローンの基礎知識

「フラット35」はいくらまで借りられる?

Q

全期間固定金利型、というのが安心。
だから、借り入れは
すべてフラット35にしたいのですが、
いくら借りられるものなのですか?

A

西澤さん　フラット35の**融資限度額**は8000万円です。

星子さん　8000万円も!

西澤さん　建築費や購入価格の100%を借りることができます。

星子さん　では、8000万円のマンションを買う場合に、その全額を必ず借りることができるのでしょうか?

西澤さん　いいえ。希望する金額を借りるには、年収に占める住宅ローン以外の返済も含むすべての借り入れでの年間総返済額の割合が、基準を満たしている必要があります。年収に占める年間返済額の割合については、左頁の表にまとめたので確認してください。

星子さん　年収500万円だとすると、年間返済額の上限は年収の35%で175万円。毎月返済にすると約14万5800円ですね。

西澤さん　フラット35では、物件の条件も細かく決められています。利用条件が明確なため、融資を申し込む前に融資の可否がある程度判断できます。ハウスメーカーや不動産会社などの担当者に、早めに確認しましょう。

ここがポイント!

- **Point 01**　フラット35の融資限度額は8000万円。物件価格、建築費・購入価格の100%を上限に借りられる。
- **Point 02**　ただし、年収によって、年間総返済額の上限が違う。税込み年収400万円が境目になる。
- **Point 03**　物件に対する審査条件が多いので、フラット35が借りられる物件かどうか、早めに確認を。

フラット35の借りられる金額の上限はこうして決まる

条件 1	融資額 **8000** 万円以内（1万円単位）
条件 2	住宅の建築費・購入価格の **100**％以内
条件 3	税込み年収に占める年間返済額※の割合が下表の基準

条件 3

年収	**400** 万円未満	**400** 万円以上
基準	**30**％以下	**35**％以下

※ 年間返済額には他の借り入れの返済額も含む

上の3つの条件のうち、
いちばん少ない金額が、
フラット35の借入限度額です

注目キーワード

【借入金額の単位】

フラット35の借入額は1万円単位。たとえば、2500万円を金利2.5%、35年返済で借りると総返済額は約3753万7000円、2499万円を借りると総返済額は約3752万2000円。頭金を1万円増やすだけで、総返済額を約1万5000円減らすことができる。

QUESTION 30

住宅ローンの基礎知識

みんないくら借りてるの？

Q

頭金がいくら用意できるのか、
いくらの家を買ったり建てたりするかで
借りる金額は違ってくるのでしょうけど、
みんながいくら借りているのか気になります！

A

星子さん　他の人はいくらくらい借りて家を買っているものなのか、やっぱり気になるんですよね。

西澤さん　注文住宅か、分譲か、また、住宅の価格などによっても違います。住宅の価格はエリアや仕様でずいぶん変わりますから一概には言えないのですが。

　国土交通省の「令和4年度住宅市場動向調査」では、注文住宅は3772万円、分譲戸建住宅は3054万円、分譲マンションは3020万円、中古戸建住宅は1908万円、中古マンションは1492万円が借入額の平均ですね。

星子さん　みなさん、**総予算**のうち何％くらいを借りているものなのですか？

西澤さん　国土交通省の同じ調査によると、資金総額のうちの借入額の割合は、新築で約60～70％、中古で約50～60％が平均です。

星子さん　ということは、平均で30～50％程度の**頭金**を用意している、ということになるんですね。

西澤さん　それでも高額な借り入れです。よく考えて借りましょう。

ここがポイント！

Point 01　新築住宅の借り入れの平均は約3000万～3800万円、中古では約1500万～1900万円。

Point 02　総予算に対する借入額の割合の平均は新築住宅では約60～70%、中古住宅では約50～60%。

Point 03　平均では住宅購入時に30～50%程度の頭金を用意している。

みんないくら借りて、いくら返してる？

借入額平均

注文住宅（※1）	分譲戸建住宅	分譲マンション	中古戸建住宅	中古マンション
3772万円	3054万円	3020万円	1908万円	1492万円

住宅は、ほとんどの人にとって一生でいちばん大きな買い物になります。
ローンの金額も大きくなるからこそ、慎重な資金計画が必要ですね！

※1 土地を購入した新築の注文住宅

住宅ローンの年間返済額（※2）

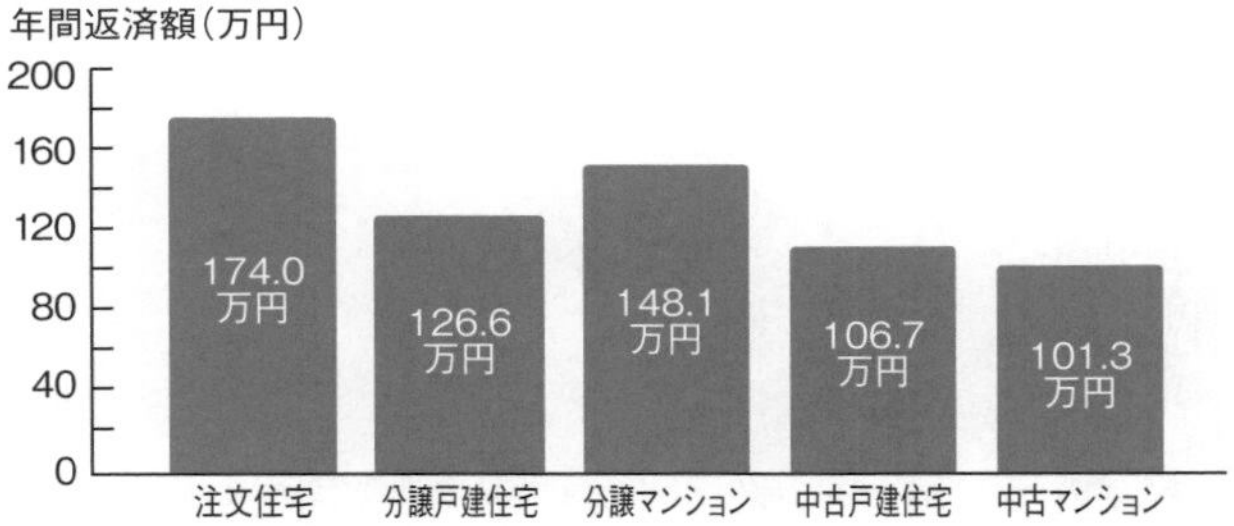

※2「令和4年度住宅市場動向調査」（国土交通省）より

注目キーワード

【総費用と返済負担率の平均】

住宅取得資金総額の平均はそれぞれ注文住宅5436万円、分譲戸建住宅4214万円、分譲マンション5279万円、中古戸建住宅3340万円、中古マンション2941万円。返済負担率の平均は約16～19%だ。（国土交通省「令和4年度住宅市場動向調査」より）

QUESTION 31

住宅ローンの基礎知識

リフォームでもローンは借りられるの？

Q

新築の家を買うのもいいけど、中古の家を買って、
内装や間取りを自分の好きなように
リフォームするのもいいなって思います。
リフォーム費用もローンで借りられるのですか？

A

星子さん　**リフォームローン**というのがあるって聞いたことがあるんですが、住宅ローンとは何が違うんですか？

西澤さん　リフォームローンは住宅ローンに比べて返済期間が短く、金利も高めです。

星子さん　それならやはり新築の家を買った方がローンは有利に借りられるってことですね。

西澤さん　ただ最近は物件費用にリフォーム費用を加えて一本のローンで借りられる**リフォーム一体型住宅ローン**が増えてきました。住宅ローンとして借りられるので、金利も低く、返済期間も長く設定できます。

星子さん　それはどこで借りられるんですか？

西澤さん　一部の都市銀行や地銀、信託銀行などで扱っています。また、フラット35リノベも利用可能です。加えて、一定の要件を満たすリフォーム工事を行うことで、返済当初の一定期間、金利を引き下げるプランもあります。これについては左頁にまとめましたので、確認してくださいね。

ここがポイント！

Point 01	リフォームローンは住宅ローンに比べて金利が高く、返済期間も短いものがほとんど。
Point 02	最近は一部の金融機関でリフォーム一体型住宅ローンを扱うようになってきた。
Point 03	一定の要件を満たすリフォームの実施を前提に、金利を引き下げるフラット35リノベがある。

フラット35リノベの主なポイント

フラット35リノベ(金利引き下げプラン)の対象となるケース

CASE1

中古住宅を購入して、一定の要件を満たすリフォームを行う

CASE2

事業者が一定の要件を満たすリフォームを行った中古住宅を購入

一定の要件を満たすリフォームとは

省エネルギー性、耐震性、バリアフリー性、耐久性・可変性のいずれかの基準を満たすリフォーム工事のことで、金利A、Bプランでそれぞれ要件が異なる。
また、「中古住宅の維持保全に係る措置」を行う必要がある。

プラン名	金利引き下げ期間	金利引き下げ幅	リフォーム工事費の要件
フラット35リノベ(金利Aプラン)	当初10年間	−0.5%	300万円以上
フラット35リノベ(金利Bプラン)		−0.25%	200万円以上

リフォームの要件や中古住宅の維持保全に係る措置など、金利引き下げの要件の詳細はフラット35サイト(www.flat35.com)で確認しましょう。なお、金利Aプラン、金利Bプランの要件に該当しない場合でも、中古住宅の取得にあわせてリフォーム工事を行う場合は、金利引き下げのないフラット35リノベを利用できます。

注目キーワード

【フラット35リノベ】

フラット35リノベ(金利Aプラン、金利Bプラン)は、フラット35の住宅の技術基準に加えてフラット35リノベの基準にも適合していることが条件。また、申込み期限があり、予算金額に達する見込みとなった場合は期限前でも受付が終了となる。

QUESTION 32

住宅ローンの基礎知識

諸費用は少なくできる？

Q

ローンの諸費用の目安は、
新築なら物件価格の5%、中古なら8%、
ということですが、借り方で違ってくるなら
どうすれば少なくなりますか？

A

星子さん　ローンの諸費用（30頁）は、現金で払うものが多いから自己資金が少ないと大変。少しでも安くできるといいなあ、と思うのですが。

西澤さん　契約書に貼る印紙代や、抵当権設定費用など税金として納める費用は、どこの金融機関で借りても同じです。ローンに関わる諸費用のなかで、ローンの選び方で費用が変わるのは「**保証料**」と「**事務手数料**」ですね。

星子さん　どう違うんですか？

西澤さん　まず、保証料は支払いが必要なローンと、不要なローンがあります。

星子さん　保証料がいらなければ数十万円が浮きますね。

西澤さん　保証料は一括前払いだけでなく、金利に0.1～0.2％程度上乗せする方法も。初期費用を抑えるには金利上乗せという方法もありますが、返済額は増えますね。

星子さん　事務手数料も金融機関によって違うんですね。

西澤さん　借入先によって違います。多くの金融機関で借りられるフラット35も、手数料は違います。

ここがポイント！

Point 01　住宅ローンの諸費用のうち、保証料と事務手数料は、ローンの選び方で違ってくる。

Point 02　保証料は必要な場合と不要な場合、一括前払いと金利上乗せがある。

Point 03　保証料が不要な住宅ローンはフラット35や、ネット銀行の住宅ローンなど。

保証料や事務手数料は銀行やローン商品によって違う

保証料の設定は大きく分けて3パターンある

保証料不要	一括払い	金利に上乗せ
フラット35、ネット銀行など一部の金融機関や商品。	多くの金融機関が、どちらかを選択できるようになっている。	

事務手数料は金融機関やローン商品によって幅がある

事務手数料無料	一律に金額を設定	融資額の●%などの設定
住宅金融支援機構による財形住宅融資は事務手数料が無料。	2万～10万円程度まで金融機関やローン商品によって幅がある。	フラット35や多くの金融機関で導入。金額一律の場合と選択できるようになっている場合がある。

保証料も事務手数料も選び方によって諸費用のコストに影響します。同等の返済条件の住宅ローンで迷ったとき、選ぶ際のポイントになりますね。なお、事務手数料は金融機関によって融資手数料や事務取扱手数料、銀行手数料などと名目が異なる場合があります。

注目キーワード

【諸費用の試算】

諸費用は、選ぶ金融機関やローン商品、借入額、返済期間などによって違ってくる。住宅金融支援機構や多くの金融機関のwebサイトでは、諸費用の概算を試算することができるので、おおまかな目安をつかんだり、比較検討したりするといいだろう。

QUESTION 33

住宅ローンの基礎知識

保証料無料のほうが有利？

Q

数十万円の保証料が無料になるローンなら、
少しくらい金利が高めでも、
完済までの支払い額は
トータルで有利になることはありませんか？

A

西澤さん　金利が低くても**保証料**がかかる住宅ローンと、金利は高いけれど保証料が無料の住宅ローンでは、どちらが有利になるのか、ということですね？

星子さん　はい。

西澤さん　金利が低くて少なくなる利息よりも最初に支払う保証料が多ければ、せっかく金利の低い住宅ローンを選んだのに、トータルでの支払額は金利の高いほうが有利ということになります。

星子さん　そうですよね。だから、保証料なしの住宅ローンのほうが、多少金利が高くても有利かと思ったのですが。

西澤さん　保証料は返済期間によっても違ってきますし、金利差がどれだけあるかでも、トータルの支払額は違ってきます。ですから、どちらが有利、とは一概には言えないんですよね。

星子さん　そうですか。

西澤さん　左頁に例をあげましたが、単に総額の損得だけではなく、事務手数料や繰り上げ返済とのバランスも考えて自分に合った借り方を探すことが大切なんです。

ここがポイント！

Point 01　保証料は借りる金額、返済期間などで金額が違ってくる。住宅ローン選びの際に確認しておきたい。

Point 02　保証料なしで金利高めと、保証料ありで金利低めでは、金利差と返済期間で総支払い額が決まる。

Point 03　金利差が小さく、かつ返済期間が短いほど、保証料なしのほうが総支払額が少ない傾向になる。

保証料の有無と金利の違いで総支払額はどう違うか試算してみよう

借入額 3000 万円のケース（元利均等返済・毎月返済のみ）

返済期間	条件	総支払額	
返済期間 35 年	保証料なしで金利2.5%	約 4504 万円	
	（金利差0.2%）		
	保証料ありで金利2.3%	約 4433 万円（保証料約62万円含む）	保証料ありのほうがおトク
返済期間 20 年	保証料なしで金利2.0%	約 3642 万円	保証料なしのほうがおトク
	（金利差0.1%）		
	保証料ありで金利1.9%	約 3653 万円（保証料約45万円含む）	

完済までのトータルの支払額は、保証料以外の諸費用や、繰り上げ返済の金額や頻度でも違ってきます。総支払額にこだわるなら、銀行の融資相談窓口やファイナンシャル・プランナーに相談してみましょう。

注目キーワード

【繰り上げ返済後の保証料】

借入時に一括で保証料を支払った場合、返済途中に繰り上げ返済をすると保証料の一部が戻ってくる。ただし、戻る金額の中から一部が保証会社の手数料として差し引かれる。金融機関や保証会社によって対応は違ってくるので詳しくは金融機関で尋ねよう。

COLUMN

もしも金融機関から融資を断られたら、資金計画を見直してみよう

もしも金融機関から融資を断られたら、資金計画を見直してみましょう。住宅ローンの融資審査を受けた結果、希望通りの金額が借りられなかったり、融資を断られたりするケースがあります。「令和４年度住宅市場動向調査」(国土交通省)によると、希望額融資を断られた経験のある人は決して少なくありません。

金融機関が融資を断ったり、融資額の減額や引き下げ金利を適用しないなど、融資の条件を厳しくする場合は、その資金計画にある程度のリスクがあるということ。資金計画の見直しをおすすめします。

なお、転職したてで勤続年数がたまたま短かったという理由で断られたり、女性への融資に比較的厳しい金融機関だったりという場合もあります。そんな場合は、他の金融機関をあたってみてもいいかもしれません。

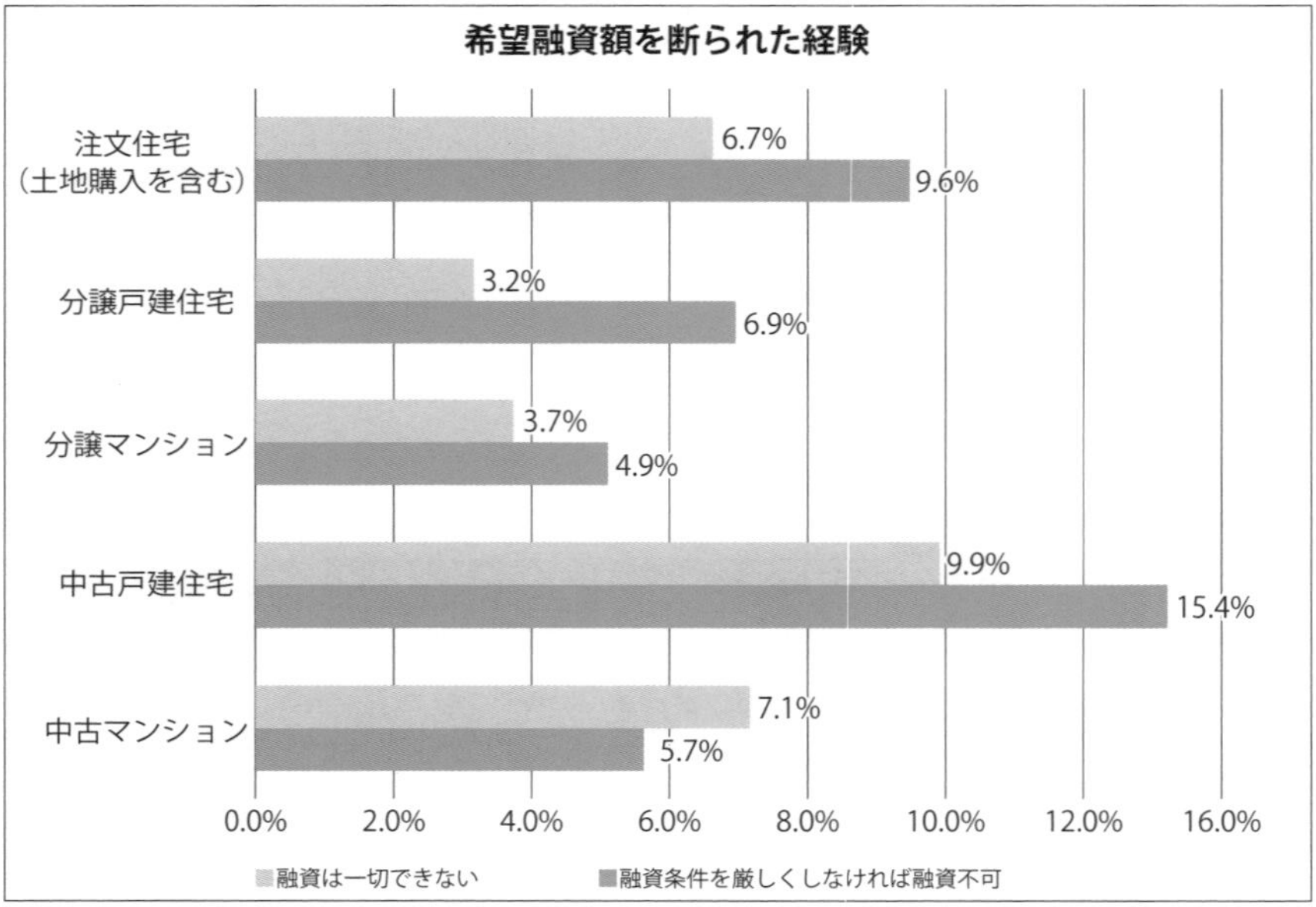

「令和４年度住宅市場動向調査」(国土交通省)より

第**4**章

資金計画の立て方はいろいろ

住宅ローンの借り方＆返し方

住宅ローンはいろいろな借り方や返し方ができます。同じ金額を借りたとしても、どう借りて、どう返すかによって、毎月の返済額や完済までに払う利息の額が違ってきます。ここでは、借り方・返し方が返済にどう影響するかを考えましょう。

QUESTION 34

住宅ローン・応用編

できるだけ多く借りていい?

Q

銀行が融資してくれる金額の上限いっぱいを
借りてもいいでしょうか?
せっかくだからたくさん借りて、
大きな家を建てたいなあ、と思うんです。

A

西澤さん　銀行は、年間の返済額が税込み年収(※)の35%になる融資額を、限度額として提示することが多いんです。たとえば、年収600万円なら、1年間の返済は210万円。1カ月当たり17万5000円です。

星子さん　年収600万円の家で、月に17万円以上返済するって大変ではないですか?

西澤さん　しかも、この場合の「年収」は税込みが一般的。手取り収入で考えると、**融資限度額**いっぱいというのは、年収の40%超になるんです。さらに、固定資産税や都市計画税、マンションの場合は管理費や修繕積立金がかかるので、収入の約半分が住居費になってしまう可能性も高いんですよ。

星子さん　年収の半分も住居費となると生活が苦しそう…。

西澤さん　融資限度額いっぱい借りると、物件価格の100%が借りられたりしますが、家計は入居直後から債務超過になる可能性が高く、安心な資金計画とはいえないですね。借りられる金額ではなく、返せる金額を借りましょう。

ここがポイント!

Point 01　融資限度額いっぱいで借りると、手取り年収の40%超をローン返済に当てることになる。

Point 02　固定資産税や都市計画税、管理費や修繕積立金も含むと、手取り年収の半分が住居費になることも。

Point 03　安心な資金計画のためには、借りられる金額ではなく、返せる金額を借りよう。

融資限度額いっぱいを借りると住居費が家計を圧迫

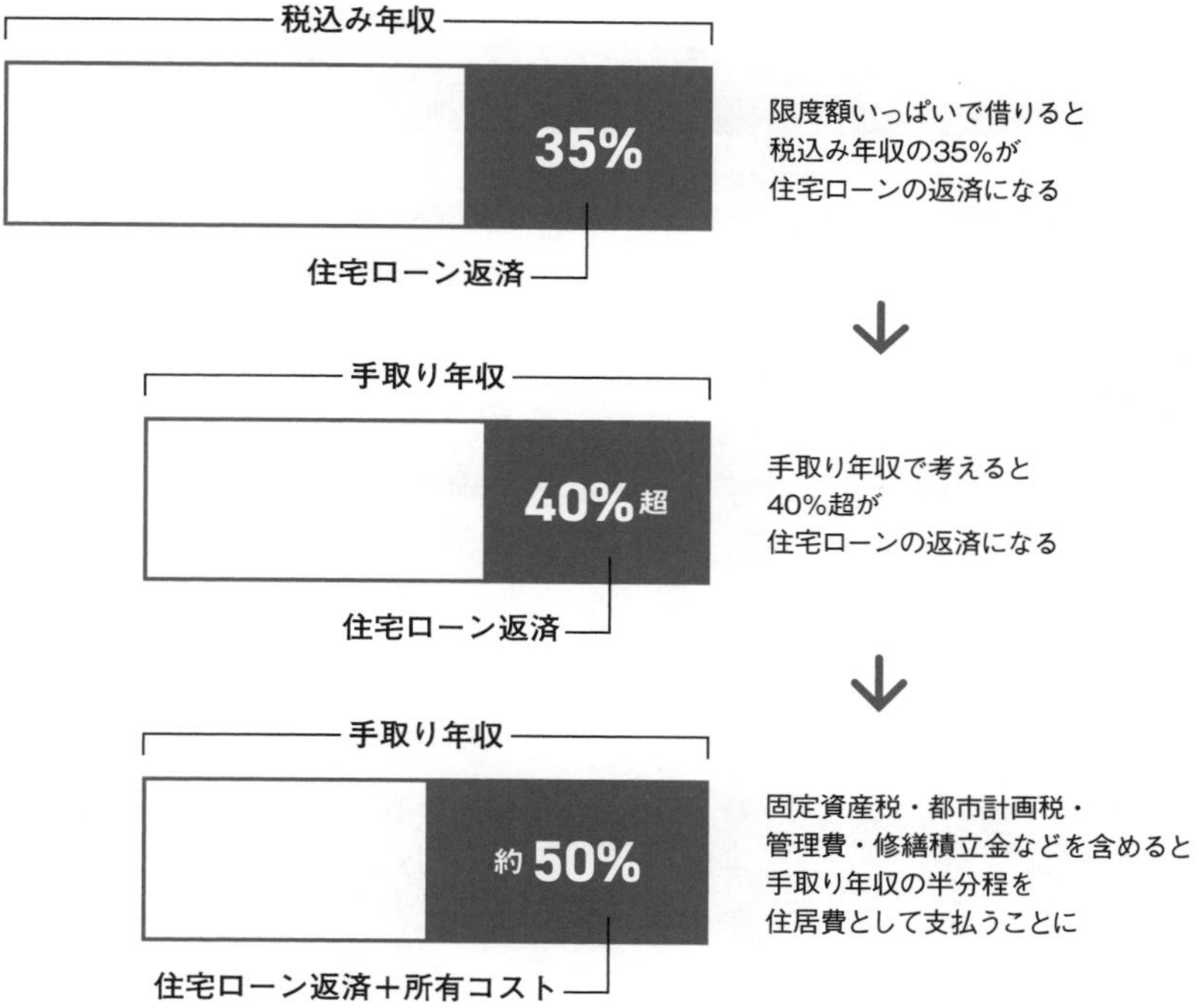
税込み年収
35%
住宅ローン返済
限度額いっぱいで借りると
税込み年収の35%が
住宅ローンの返済になる
手取り年収
40%超
住宅ローン返済
手取り年収で考えると
40%超が
住宅ローンの返済になる
手取り年収
約50%
住宅ローン返済＋所有コスト
固定資産税・都市計画税・
管理費・修繕積立金などを含めると
手取り年収の半分程を
住居費として支払うことに

年収のうち、住居費にまわせる金額は世帯によって違いますが、税込み年収の25%以内がひとつの目安になります。無理のない返済額を考えましょう。

注目キーワード

【税込み年収】

一般的に、銀行が融資限度額を出すための基準とするのは「税込み年収」(※)。この金額には、所得税や住民税、社会保険料負担分などが含まれており、実際に手元に残る手取り年収はこれらを差し引いた分だ。手取り年収の範囲で無理のないローン返済かどうか確認したい。

※ 税込み年収を基準とするのは、収入が給与収入の場合

QUESTION 35

住宅ローン・応用編

借りる金額はどう決める？

Q

借りられる金額ではなく、返せる金額を基準にして
住宅ローンの借入額を決めるとしたら、
その「返せる金額」は、
どうやって決めたらいいのでしょう？

A

西澤さん　12頁で家計簿をつけることをおすすめしましたよね？

星子さん　はい。

西澤さん　その成果が、ここで生きてくるんです。まず、家計の中から住宅ローン返済にまわせる「金額」を算出します。

星子さん　今払っている家賃と同じではだめですか？

西澤さん　家を持つと、さまざまなランニングコストがかかりますから、家賃と同額のローン返済では負担が増えます。固定資産税・都市計画税の他、マンションなら管理費、修繕積立金、駐車場代などをマイナスして、残った金額が住宅ローン返済額になるように資金計画を立てるといいでしょう。

星子さん　今、住宅取得のために毎月している貯金の額を、返済額にプラスしてもいいですか？

西澤さん　お子さんの教育費など、これから先に必要になるお金が貯金できているならいいのですが、そうでなければ、今住宅のためにしている貯金は教育費や将来のリフォーム費用、老後資金にまわすと安心です。

ここがポイント！

Point 01　住宅ローンは借りられる金額ではなく、返せる金額をもとに借入額を決めよう。

Point 02　今の家賃と同額なら安心というわけではない。住宅取得後にかかるコストも含めて考えること。

Point 03　教育費や老後の生活費など、将来必要な資金の貯蓄についても考えて資金計画を立てよう。

借入額は返せる金額をもとに決めよう

今の家賃からコストをマイナス！

毎月払っている家賃＋駐車場代 － 固定資産税・都市計画税 管理費・修繕積立金 駐車場代 ＝ 毎月返していける金額

毎月返していける金額に今住宅のためにしている貯金額をプラスするなら、これから新たに貯金を始める必要はないかどうかを考えて。もしくは家計を見直して返済可能額を増やせないかを検討しましょう。できれば、ファイナンシャル・プランナーに相談してみましょう。

毎月返済額から考える借入可能額の目安

ボーナス時加算額	金利	毎月返済額 8万円	9万円	10万円	11万円	12万円
なし	1%	2834	3188	3542	3896	4251
	2%	2415	2716	3018	3320	3622
1回5万円	1%	3128	3482	3837	4191	4545
	2%	2665	2967	3269	3571	3872
1回10万円	1%	3423	3777	4131	4486	4840
	2%	2916	3218	3520	3822	4124
1回15万円	1%	3718	4072	4426	4780	5135
	2%	3167	3469	3771	4073	4375
1回20万円	1%	4012	4367	4721	5075	5429
	2%	3418	3720	4022	4323	4625

※ 返済期間35年として試算　※単位:万円
※ 金融機関によって、住宅ローンの借入限度額を決める他の条件がある場合もあるので、注意が必要

この表で出した借入額の目安は返済期間35年の場合です。返済期間を短くすれば、借入可能額はもっと少なくなります。毎月返済額は家計に無理のない範囲で、返済期間は定期収入から余裕をもって返せる年数で考えましょう。

注目キーワード

【実家や社宅暮らしの場合】

現在の住まいが実家や社宅で、住居費がかかっていない、または極端に少ない人は、毎月返済していける金額をイメージしにくいだろう。その場合、毎月、家賃を払った気分で一定額を貯金し、残った金額で生活をして家計のゆとり具合を実感してみるといい。

QUESTION 36

住宅ローン・応用編

借入額2500万円の返済額は？

Q

たとえば、2500万円を借りたとすると
毎月いくらくらいの返済額になるのでしょう？
こんな大きな金額を借りた経験がないから、
見当もつきません。

A

西澤さん　たとえ借りるのが同じ金額だったとしても、どんな住宅ローンを借りるのか、どう返済していくかで返済金額は違ってくるんですよ。

星子さん　どんな要素が、返済額を左右するんですか？

西澤さん　まず**金利**と**返済期間**です。金利は低ければ低いほど、返済期間は長ければ長いほど、毎回の返済額は少なくなります。

星子さん　では、できるだけ低金利で長期返済すれば安心ですか？

西澤さん　そうとも言えないんですよ。金利については88頁から、返済期間については108頁からを参考にしてくださいね。

星子さん　はい！

西澤さん　他にも、**ボーナス返済**を利用するかしないか（116頁）、**元利均等返済**と**元金均等返済**のどちらにするか（118頁）によっても返済額は違ってきます。

星子さん　つまり、自分のお財布の事情によって、カスタマイズ可能ということですね？

西澤さん　そうですね。いろいろ試算してみることが大切ですね。

ここがポイント！

Point 01　同じ2500万円を借りても、借り方・返し方によって毎月返済額は違ってくる。

Point 02　金利、返済期間、ボーナス返済の有無、元利均等返済か元金均等返済かなどが、返済額を左右する。

Point 03　家計の事情を考えて、借り方・返し方を選ぶこと。そのためにも、いろいろ試算するのがおすすめ。

金利と返済期間、返済方法で、毎月返済額と総返済額は違う

CASE1

借入額:2500万円／金利:2.5%／金利タイプ:全期間固定金利／返済期間:35年
返済方法:元利均等返済／ボーナス返済:なし

完済までの毎月返済額8万9373円

完済まで同じ返済額が続く。
完済までの総返済額は約**3754**万円

CASE2

借入額:2500万円／金利:0.7%(※)／金利タイプ:変動金利／返済期間:20年
返済方法:元利均等返済／ボーナス返済:借入額のうち500万円をボーナス返済にまわす

当初5年間の毎月返済額8万9326円
ただしボーナス月は22万3498円

変動金利なので5年ごとに返済額が見直されるため、
総返済額は完済してみないとわからない。
金利が0.7%のままと仮定すると、総返済額は約**2681**万円

※ 店頭表示金利よりも低い引き下げ金利適用の場合

注目キーワード

【総返済額】

借入時に、完済までの総返済額がわかるのは、完済までの金利が決まっているローンを借りた場合だけ。変動金利型や、固定金利の期間が短く将来的に金利が変わる可能性がある場合、完済するまで総返済額はわからない。

QUESTION 37

住宅ローン・応用編

低金利なほど返済額は減る？

Q

住宅ローンの金利には、幅がありますよね。
毎月の返済額をできるだけ減らしたいなら、
できるだけ低金利を選ぶべきですか？

A

星子さん　住宅ローンについていろいろ調べていくと、ローン商品や銀行によって、ずいぶん金利が違うんですね。

西澤さん　**金利**は固定期間の長さによって異なりますし、金融機関によっても違います。

　また、その金融機関との取り引き状況やキャンペーンなどで、店頭表示金利よりも低い金利が適用されることが多く、その引き下げ幅も金融機関で違ってきます。適用金利はローンの選び方でいろいろなんです。

星子さん　低い金利のほうが、返済額は少なくなるんですよね？

西澤さん　そうです。低い金利が適用になっている間は、返済額は少ないですね。住宅ローンは大きな金額を長期で返済するので、わずかな金利差が**総返済額**に大きく影響します。

星子さん　どれくらい違うものなのですか？

西澤さん　左頁で、適用金利が完済まで変わらない場合の、金利の違いによる返済額の差を試算してみました。

ここがポイント！

Point 01　適用金利が低ければ低いほど、返済額は少なくなる。

Point 02　住宅ローンの金利や、店頭表示金利から引き下げられる幅は商品や金融機関によって違ってくる。

Point 03　高額の融資を長期にわたって返済する住宅ローンは、わずかな金利差が返済総額に大きく影響する。

金利の違いで毎月返済額と総返済額は変わる

2500万円を金利の違いで試算すると

借入額:2500万円/返済期間:35年/金利タイプ:全期間固定金利(元利均等返済、毎月返済のみ)

金利 3.5%	毎月返済額 **10万3322円**	(総返済額 約**4340**万円)
金利 3.0%	毎月返済額 **9万6212円**	(総返済額 約**4041**万円)
金利 2.5%	毎月返済額 **8万9373円**	(総返済額 約**3754**万円)
金利 2.1%	毎月返済額 **8万4104円**	(総返済額 約**3532**万円)
金利 2.0%	**毎月返済額 8万2815円**	**(総返済額 約3478万円)**
金利 1.9%	毎月返済額 **8万1538円**	(総返済額 約**3425**万円)
金利 1.5%	毎月返済額 **7万6546円**	(総返済額 約**3215**万円)
金利 1.0%	毎月返済額 **7万571円**	(総返済額 約**2964**万円)
金利 0.5%	毎月返済額 **6万4896円**	(総返済額 約**2726**万円)

↑ 金利が高くなるほど返済額は増える

↓ 金利が低くなるほど返済額は減る

たとえば0.1%の金利差は、
毎月の返済額では約1300円とわずか。
でも、35年間で考えると
約54万円の差になります

注目キーワード

【金利差の影響】

借入額が多ければ多いほど、返済期間が長ければ長いほど、わずかな金利差が総返済額に影響する。全期間固定金利型なら、できるだけ低金利の銀行から借りたほうが利息は少ない。ただし、事務手数料や保証料の違いも考慮した総支払額を試算してから選ぼう。

QUESTION 38

住宅ローン・応用編

金利が低いほどおすすめ？

Q

金利が低いほうが毎回の返済額や、
完済までの総返済額が少なくなるということは、
同じ金額を借りるなら
金利の低い住宅ローンほどおすすめですか？

A

星子さん　毎月返済額も利息の支払額も少なくなるなら、できるだけ**低金利**のローンを探して借りたほうがいいのでしょうか？

西澤さん　完済までの総返済額が少なくなるのは、全期間固定金利の商品を比べた場合の話です。

星子さん　ということは？

西澤さん　今は、固定金利より変動金利の方が、また固定期間が短いほど金利が低くなっています。つまり、金利の低さだけでローンを選ぶと、将来的に金利が変わる可能性があるということです。

星子さん　将来、金利は上がるんですか？　下がるんですか？

西澤さん　金利の動きは誰も確実な予測はできませんが、日本の住宅ローンの金利は、今、歴史的に見ても世界的に見ても超低金利なんです。ですから、今後大きく上がることはあっても、大きく下がることはないでしょう。低金利時代の借り入れは、できるだけ長期間を低金利で固定するのが鉄則です。金利が低いからといって飛びつくのではなく、その金利がいつまで続くかも重視しましょう。

ここがポイント！

Point 01　同じ金利タイプのローンを比較する場合は、金利が低いほうが毎月返済額、総返済額が少なくなる。

Point 02　金利は固定金利よりも変動金利のほうが低く、固定期間が短いほど低くなる。

Point 03　現在の住宅ローンは超低金利。将来、下がることを期待するより、上がることを考えておこう。

全期間固定金利以外のローンは、将来、金利上昇リスクがある

A 全期間固定金利型

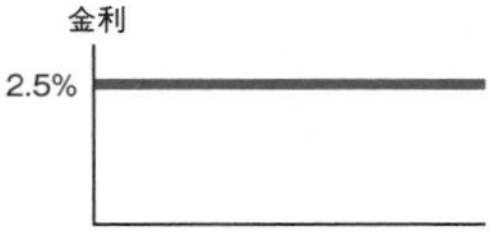
金利
2.5%

完済まで金利は変わらない

B 変動金利型・短期の固定期間選択型

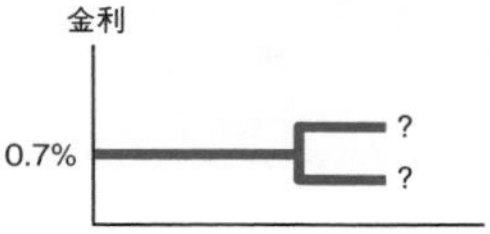
金利
0.7%
?
?

借入時の金利の適用期間が終了するとその時点での金利が適用になるため借入時には将来の金利はわからない

もしも、将来、金利が上がったら？

A 全期間固定金利型

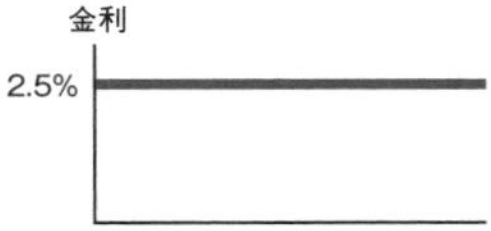
金利
2.5%

金利の動向に関わらず、
完済まで金利は変わらない。
返済額も返済スタート時と同じ

B 変動金利型・短期の固定期間選択型

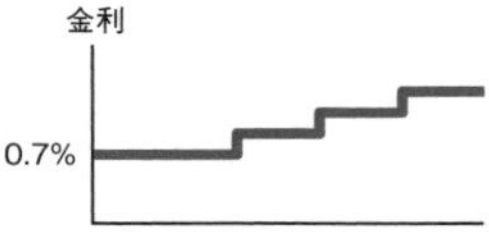
金利
0.7%

借入時よりも高い金利になる。
返済額はアップする

上昇幅によっては、
金利が高めのAより
総返済額が多くなることも

もしも、将来、金利が下がったら？

A 全期間固定金利型

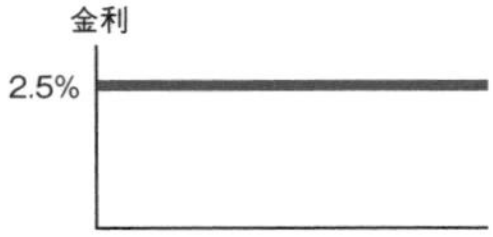
金利
2.5%

金利の動向に関わらず、
完済まで金利は変わらない。
返済額も返済スタート時と同じ

B 変動金利型・短期の固定期間選択型

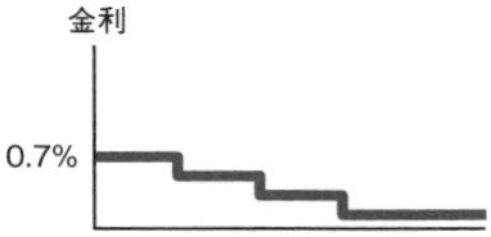
金利
0.7%

借入時よりも低い金利になる。
返済額はダウンする

今よりも
下がることで
金利高めのAとの
総返済額の差がますます
大きくなることも

注目キーワード

【低金利時代】

今のような低金利時代、またはこれから金利の上昇が予想される時期には、長期の固定金利型を選ぶのが得策。逆に高金利時や金利の下降、低金利がしばらく続くと予想される時期は変動金利や短期固定金利を選択すると、総返済額で有利になる可能性が高い。

QUESTION 39

住宅ローン・応用編

固定と変動、金利タイプはどう違う？

Q

固定金利型とか変動金利型とか
いろいろある住宅ローンの金利タイプ。
実は、なんとなくしか理解していません。
借りるときに知っておきたいポイントを教えて！

A

星子さん　ふと気がついたんです。**固定金利**とか**変動金利**とか、知っているようで実はよく知らないなって。たとえば変動金利だったら、いつ変動するのかとか…。

西澤さん　金利タイプは大きく分けて変動金利型と固定金利型です。それぞれにメリット、デメリットがあるんですよ。

星子さん　変動金利型の場合はどんなことでしょう？

西澤さん　現在は固定金利型に比べて金利が低く、当面の返済額が少なくなることがメリット。でも、金利が上昇すれば返済額も増え、元金が減りにくくなるため繰り上げ返済の予定が立てにくいなどのデメリットがあります。

星子さん　では固定金利型は？

西澤さん　全期間固定金利型なら、完済まで返済額が変わらない安心感がメリット。でも、変動金利型より金利が高めなのが難点ですね。

星子さん　なるほど。

西澤さん　この2つの金利タイプをもとにしてさまざまなバリエーションがあるんです。次の頁からご紹介していきますね。

ここがポイント！

Point 01　金利タイプは大きく分けて「固定金利型」と「変動金利型」の2つ。この基本を把握しよう。

Point 02　固定金利型と変動金利型、それぞれのメリット・デメリットを知ったうえで借りよう。

Point 03　金利タイプには、他にもさまざまなバリエーションがある。

＜変動金利型＞の仕組みと知っておきたいポイント

※元利均等返済の場合

一般的な変動金利型は返済額の見直しは5年に1度

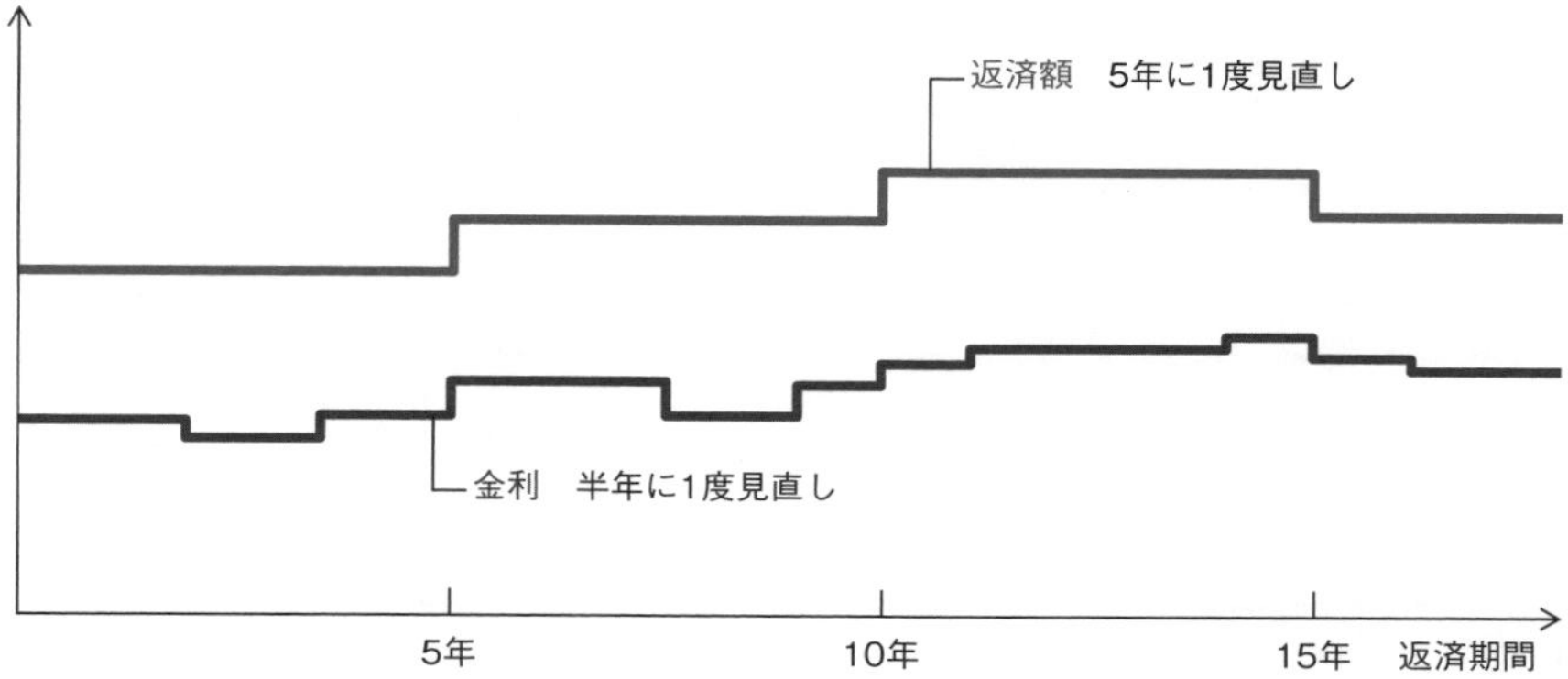

返済額の内訳のイメージ

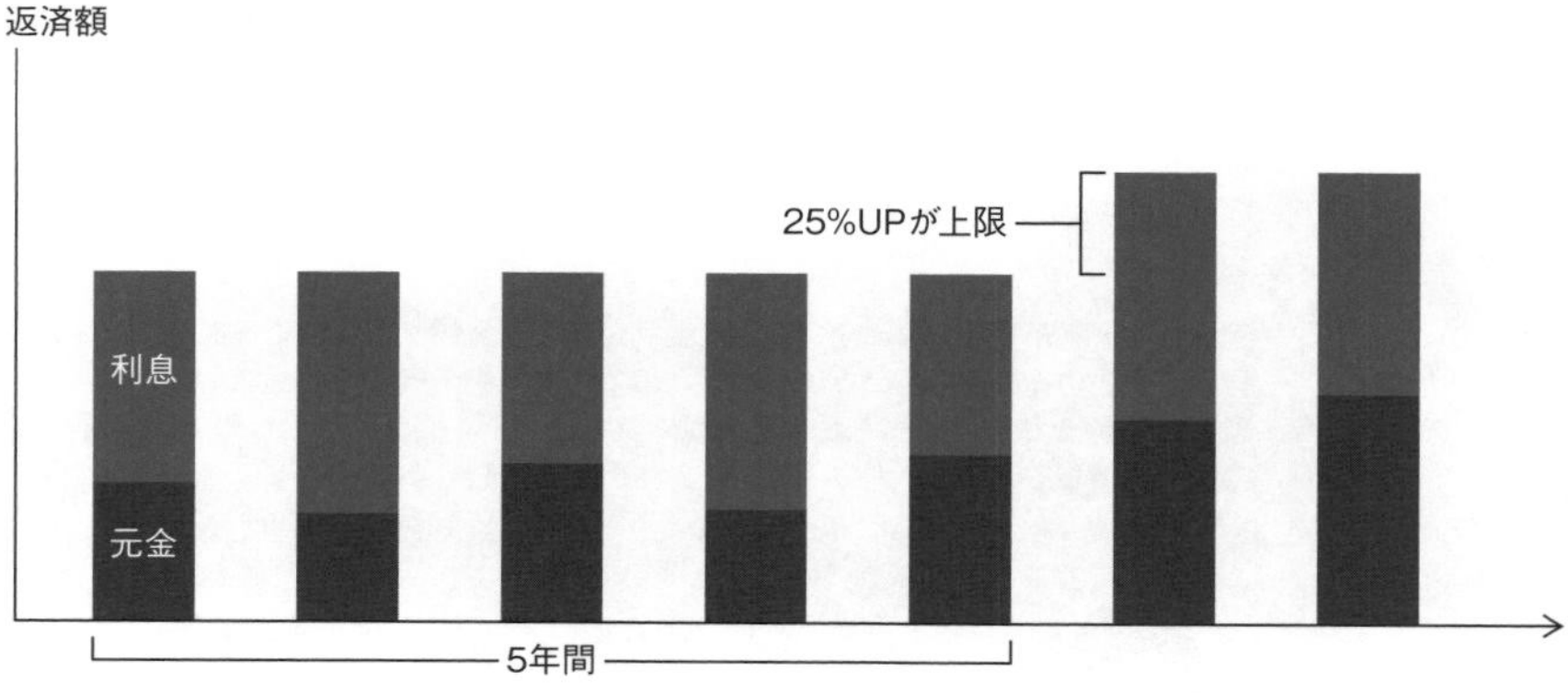

一般的な「変動金利型」は半年ごとに金利が、5年ごとに返済額が見直されます。5年間は元金と利息の割合を調整して返済額が変わらないようにしていますが、金利が急上昇すると返済額の中で利息が払いきれず、未払い利息が発生する可能性があります。また、返済額が見直される際、「これまでの返済額の125%が上限」というルールがあり、返済額の急増は抑えられますが、利息の支払いが優先されているため未払い利息発生のリスクがあります。

＜全期間固定金利型＞の仕組みと知っておきたいポイント

※元利均等返済の場合

返済中は金利は一定。返済額も完済まで変わらない

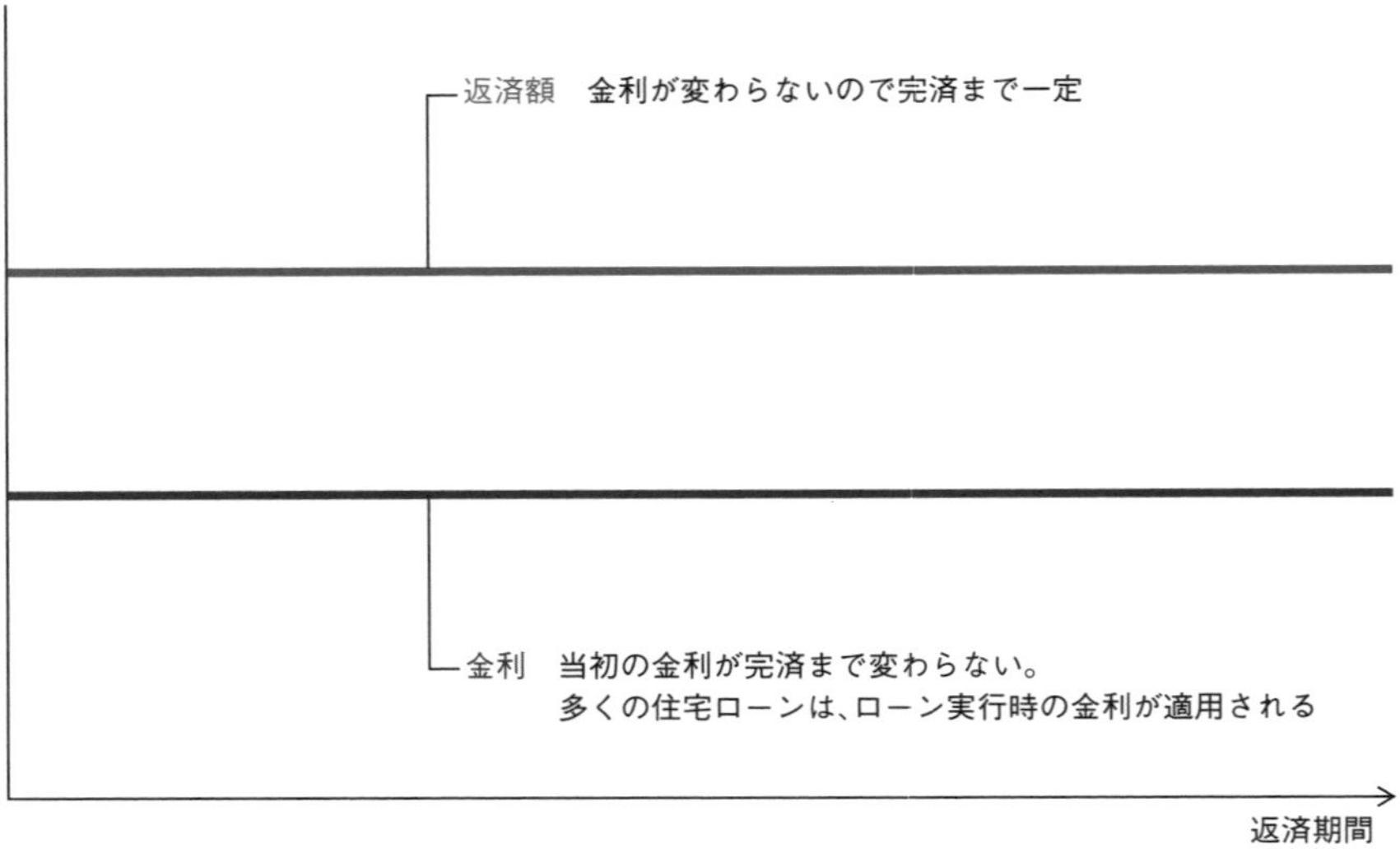

返済額　金利が変わらないので完済まで一定
金利　当初の金利が完済まで変わらない。
多くの住宅ローンは、ローン実行時の金利が適用される
返済期間

完済まで金利が変わらない全期間固定金利型は、返済額が最後まで一定。元金があといくら残っているかも明確なので、返済中の安心感は大きいですね。現在は変動金利型に比べると金利は高めですが、今は低金利時代なので、家賃感覚で返済していきたい人には安心な金利タイプです。

＜固定期間選択型＞の仕組みと知っておきたいポイント

※元利均等返済の場合

選んだ固定期間中は固定金利なので返済額は一定

A 固定期間終了後、変動金利型を選んだ場合

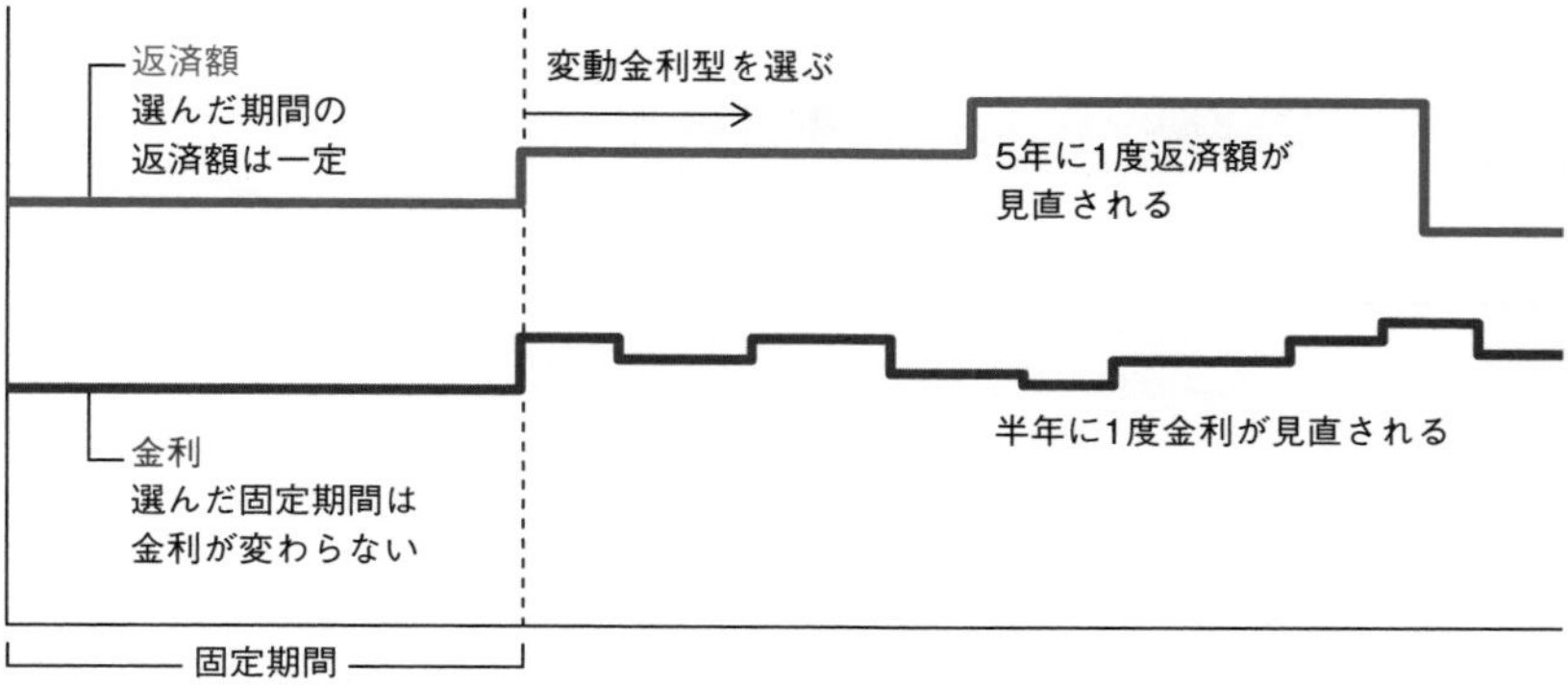

B 固定期間終了後、再び固定期間を選ぶ

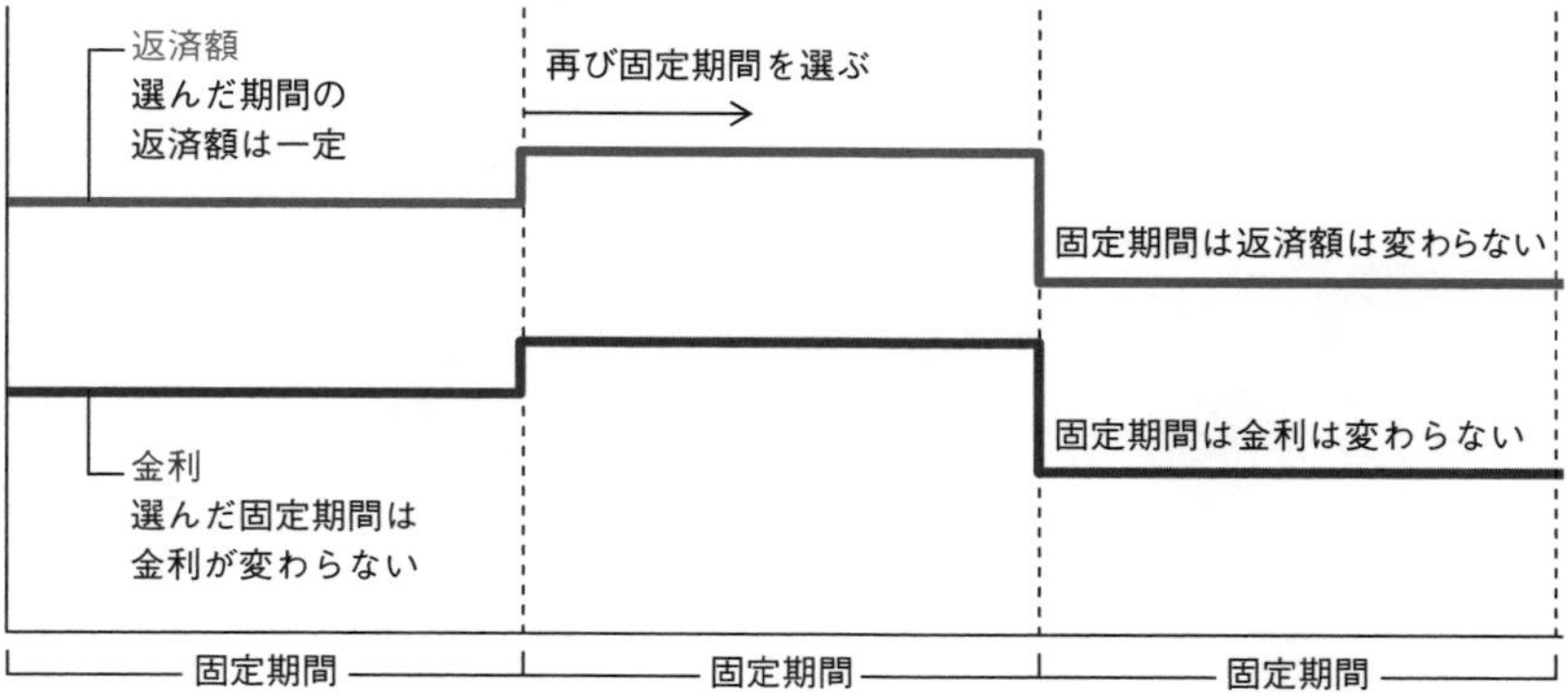

金利の変わらない「固定期間」中は、返済額も変わらないのが固定期間選択型。固定期間が終了すると、その時点の金利に見直されます。その際、A 変動金利型や B 固定期間を選択できます。
固定期間は1～30年の間で、金融機関がそれぞれに設定しています。
現在は固定期間が短いものほど低金利の傾向にあります。固定期間終了後の金利上昇リスクがあるうえ、返済額アップの上限が定められていないケースが多いので、大幅に返済額が増える可能性もあります。

＜段階金利型＞の仕組みと知っておきたいポイント

※元利均等返済の場合

金利が途中で変更。変更後の金利も当初に決定されている

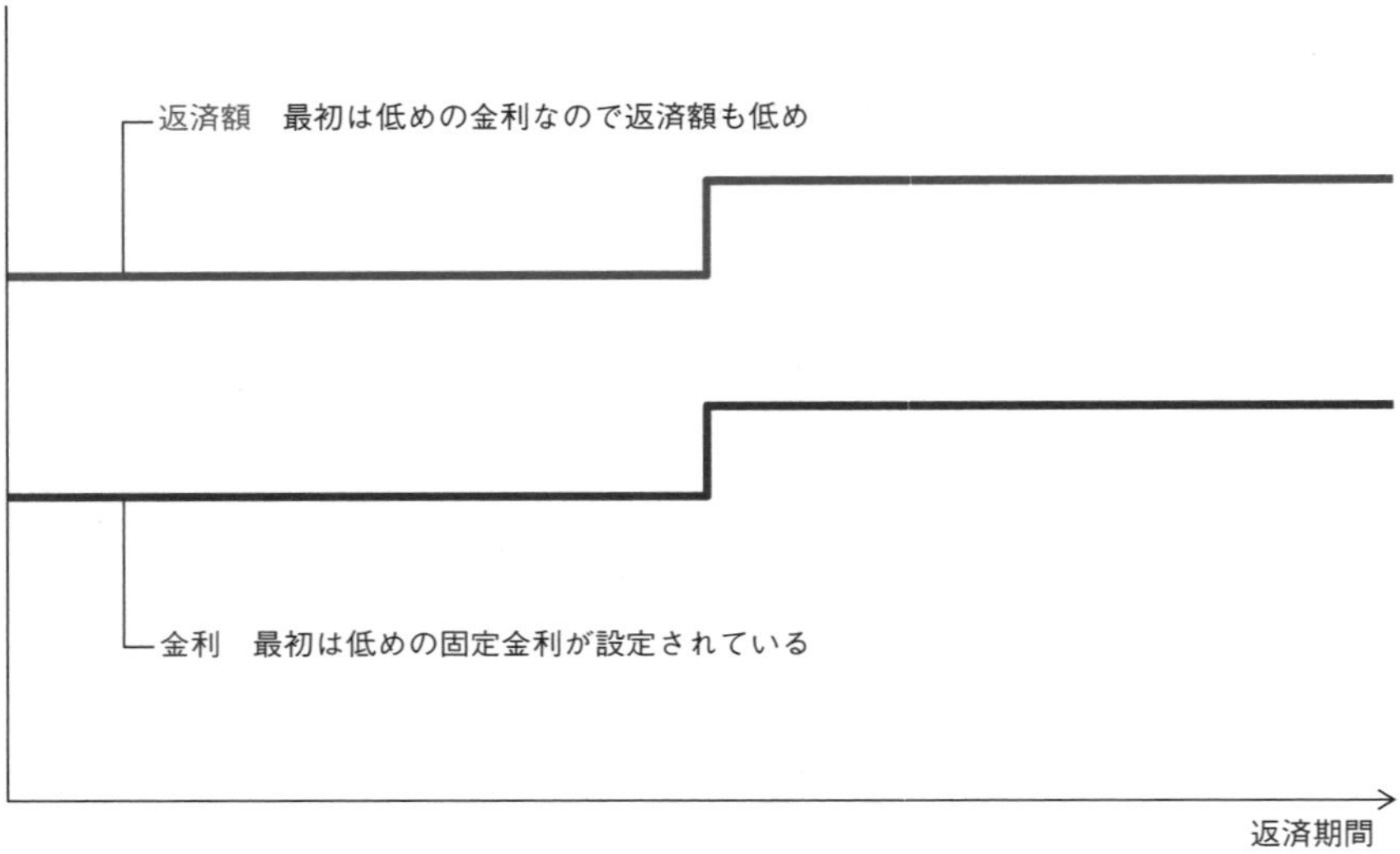
返済額　最初は低めの金利なので返済額も低め
金利　最初は低めの固定金利が設定されている
返済期間

旧住宅金融公庫の融資が代表的。フラット35Sやフラット 35 リノベなども段階金利型といえます。変更後の金利も借り入れ当初に決まっているので、「予想以上に返済額が増えた」ということがなく安心です。ただし、低い金利のときの返済額を基準に資金計画を立てると、金利アップ後が大変になるかも。
借入額は慎重に決めましょう。

＜金利ミックス型＞の仕組みと知っておきたいポイント

※元利均等返済の場合

固定金利型と変動金利型を組み合わせて借りる

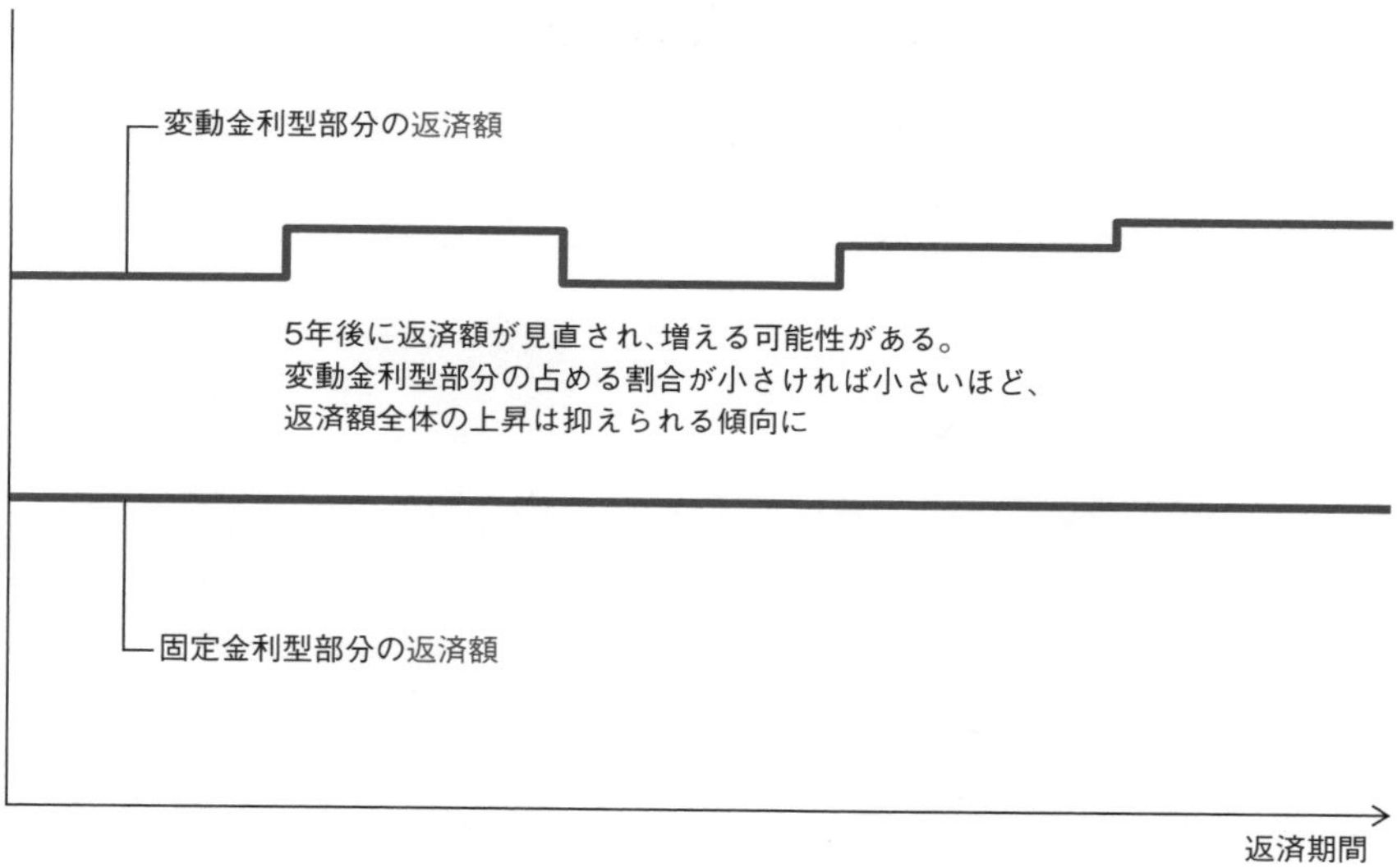
変動金利型部分の返済額
5年後に返済額が見直され、増える可能性がある。
変動金利型部分の占める割合が小さければ小さいほど、
返済額全体の上昇は抑えられる傾向に
固定金利型部分の返済額
返済期間

変動金利型と固定期間選択型のミックスというパターンも。組み合わせや割合によって返済額もメリットも変わってきます。なお、金融機関によって金利の組み合わせに制限があるなど条件が異なるので確認が必要です。

＜預金連動型＞の仕組みと知っておきたいポイント

ローンの残高のうち、預金と同じ金額までは金利がゼロ、もしくは下がる

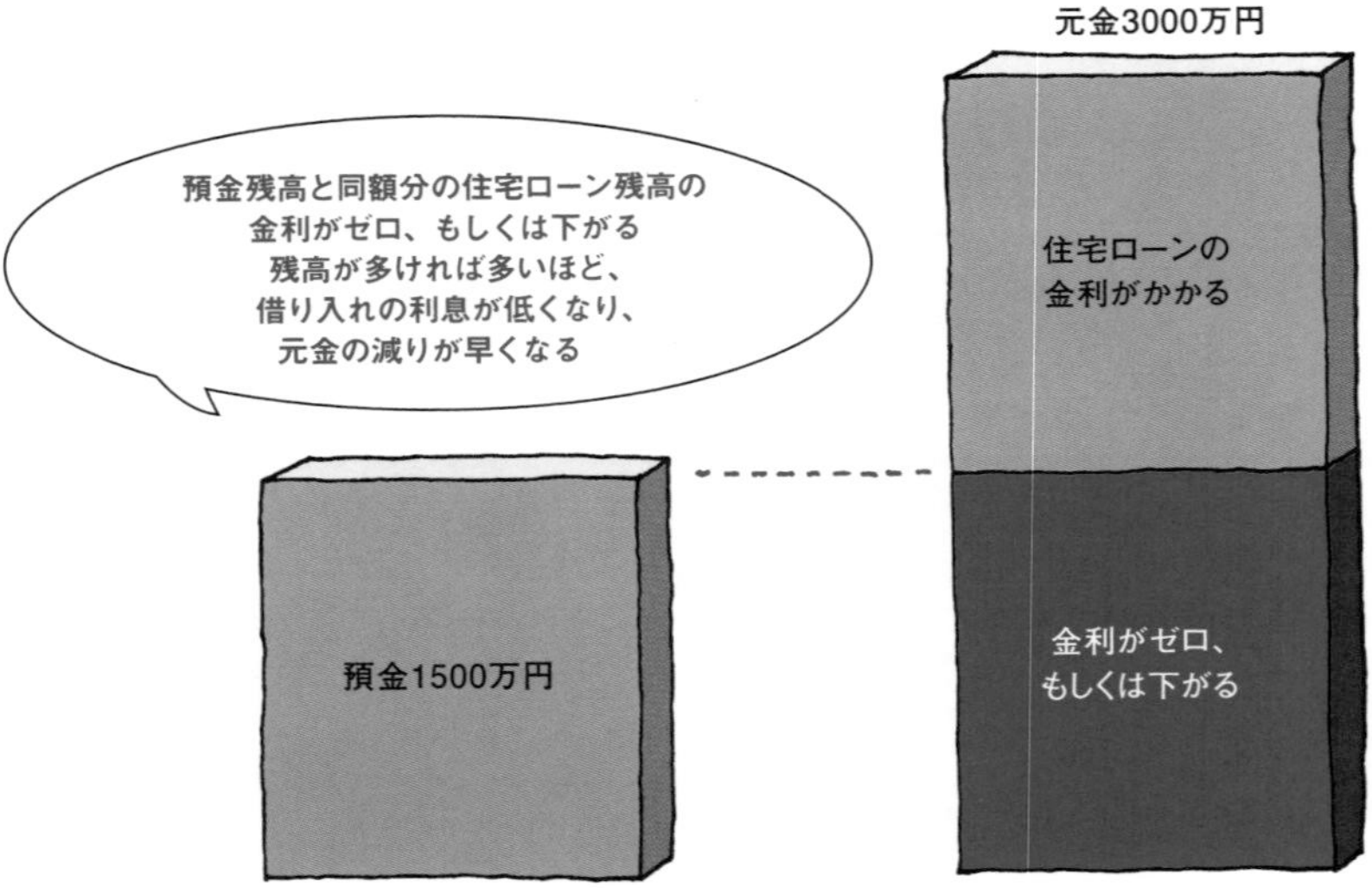
元金3000万円
預金残高と同額分の住宅ローン残高の
金利がゼロ、もしくは下がる
残高が多ければ多いほど、
借り入れの利息が低くなり、
元金の減りが早くなる
住宅ローンの
金利がかかる
預金1500万円
金利がゼロ、
もしくは下がる

預金分の借り入れには金利がゼロ、もしくは下がったりするので、手元に資金を残したまま、繰り上げ返済と同じ効果が得られます。
ただし、金利が少し高めなのと、団体信用生命保険料を含むコストがかかる場合も。また、変動金利しか選べない、短期固定のみなど、選択できる金利が少ない傾向にあります。このため、利息軽減効果があるかどうかはケースバイケースです。
さらに、取扱い金融機関が限られています。

＜5年固定制＞の仕組みと知っておきたいポイント

※元利均等返済の場合

完済まで5年ごとに金利が見直される

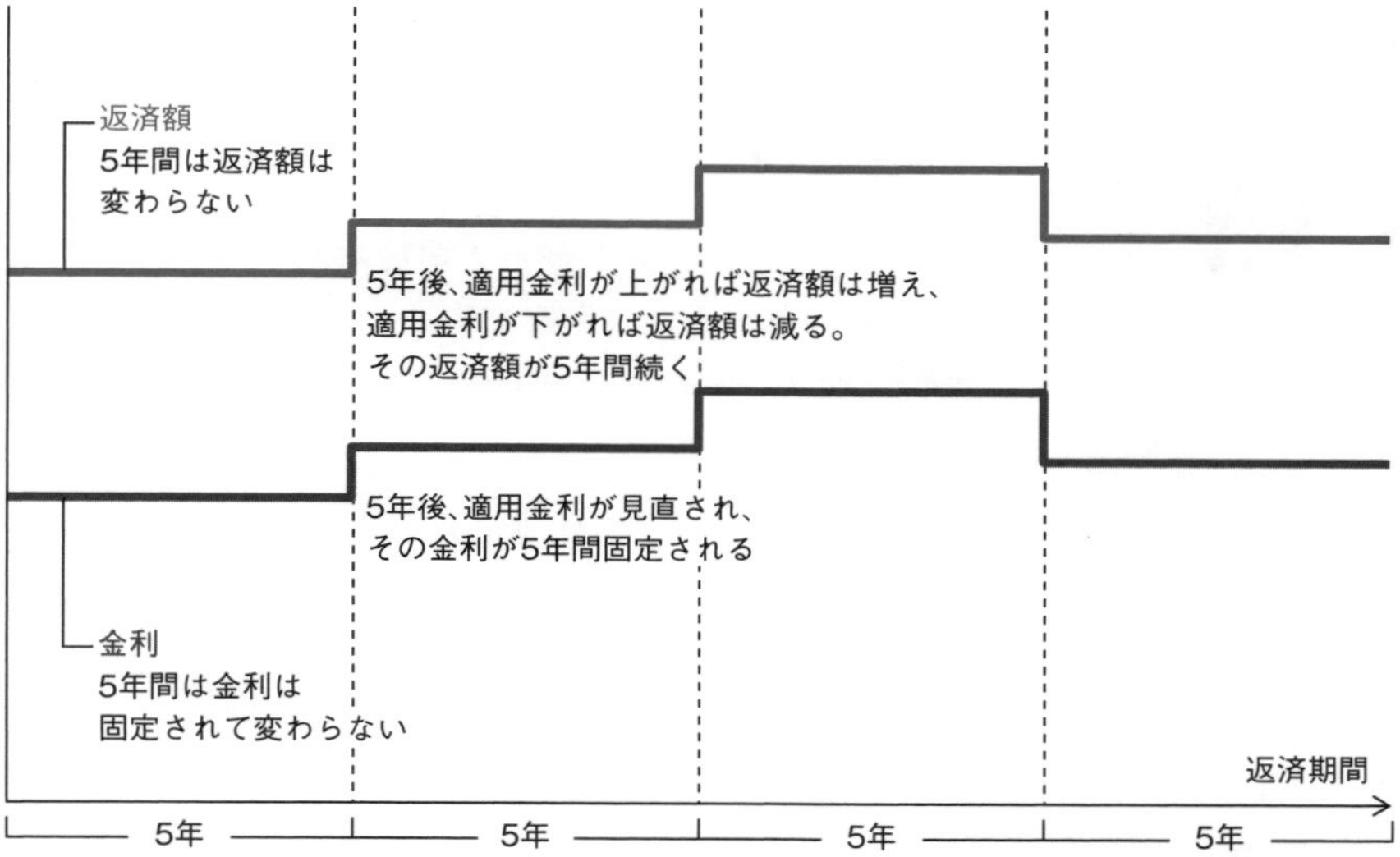
返済額
5年間は返済額は
変わらない
5年後、適用金利が上がれば返済額は増え、
適用金利が下がれば返済額は減る。
その返済額が5年間続く
5年後、適用金利が見直され、
その金利が5年間固定される
金利
5年間は金利は
固定されて変わらない
返済期間
5年
5年
5年
5年

※ 現在、この金利タイプを採用しているのは財形住宅融資のみ

5年ごとに見直される新返済額は旧返済額の1.5倍が上限。そのため返済額の急増はある程度抑えられますが、利息の支払いが優先され、未払い利息が発生するリスクがあります。
なお、元金均等返済の場合は、新返済額に上限はありませんので注意が必要です。

QUESTION 40

住宅ローン・応用編

固定と変動、どっちが有利？

Q

固定金利型と変動金利型の
どちらにするかで迷ってしまいます。
メリット・デメリットはそれぞれあるけど、
結局、どちらで借りると有利なのですか？

A

西澤さん　目先の返済額だけで考えると、現在は固定より変動、長期固定より短期固定のほうが金利が低く、**引き下げ金利**（104頁）の引き下げ幅も大きいので有利といえますが…。

星子さん　でも、金利が上がったら、変動金利はいずれ返済額が増えるんですよね？

西澤さん　そうなんです。全期間固定金利型以外の金利タイプは、金利の推移によって完済までの総返済額が違ってきます。特に、今は超低金利なので、返済期間が長い人ほど、将来の金利上昇への備えが必要です。それに、今後の金利の動きは誰にもわからないので、どれが有利かは、完済するまでわからないんですよ。

星子さん　じゃあ、**固定金利型**がトクか、**変動金利型**がトクか、ちょっとした賭けですね…。

西澤さん　損得で考えるよりも、安心して返済できるかどうかが大切。多少の利息の差よりも、ずっと安心して返済していくことを優先したほうがいいのでは？　住宅ローンは長いおつきあいですから。

ここがポイント！

Point 01　今後の金利推移は予測できないので、総返済額がいちばん少ない資金計画は完済時にしかわからない。

Point 02　超低金利時代には、返済期間の長い人ほど金利上昇のリスクがある。返済額の上昇に備えておきたい。

Point 03　長く返済していく住宅ローンは損得よりも、安心してつきあっていけるかどうかを優先したい。

＜今後の金利が横ばいだったら＞ 固定と変動、どう違う？

借入額2500万円。返済期間35年、元利均等返済の場合

今後の金利が
横ばいだったら

固定金利型
金利 **2.5**%

毎月返済額
8万9373円

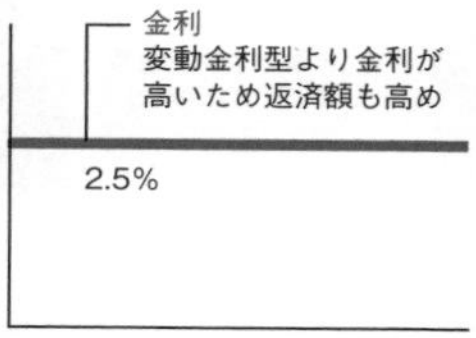
金利
変動金利型より金利が
高いため返済額も高め
2.5%

総返済額
約**3754**万円

変動金利型
金利 **0.7**%（※）

当初の毎月返済額
6万7130円

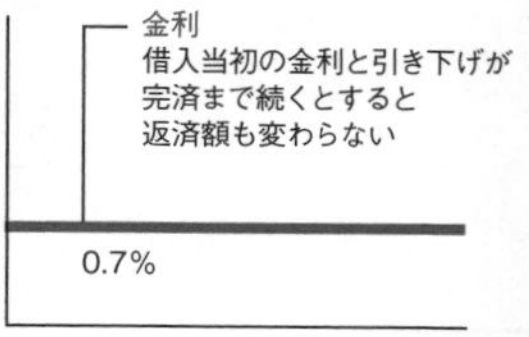
金利
借入当初の金利と引き下げが
完済まで続くとすると
返済額も変わらない
0.7%

総返済額
約**2819**万円

※ 店頭表示金利2.475％から、1.775％引き下げられた金利で試算

現在は、固定金利型よりも変動金利型のほうが低金利。このまま金利に変化がなければ、総返済額は変動金利型のほうが少なくなります。

固定？
変動？

＜今後の金利が上昇したら＞ 固定と変動、どう違う？

借入額2500万円。返済期間35年、元利均等返済の場合

今後の金利が上昇したら

固定金利型
金利 **2.5**%

毎月返済額
8万9373円

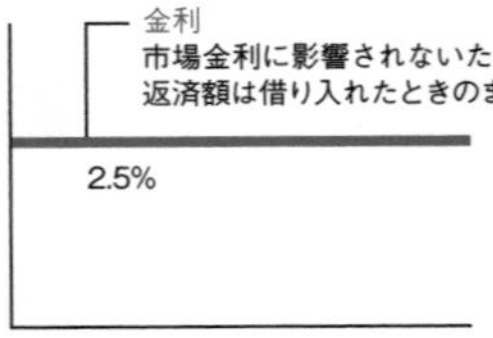

金利
市場金利に影響されないため、返済額は借り入れたときのまま
2.5%

総返済額
約3754万円

変動金利型
金利 **0.7**%（※）

当初の毎月返済額
6万7130円

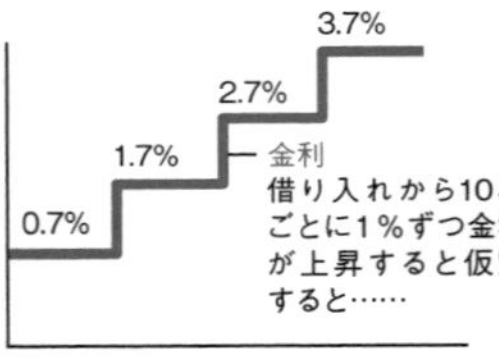

3.7%
2.7%
1.7%
0.7%
金利
借り入れから10年ごとに1%ずつ金利が上昇すると仮定すると……

総返済額
約3187万円

※ 店頭表示金利2.475%から、1.775%引き下げられた金利で試算

今は金利の低い変動金利型でも、今後の金利が早期に急上昇すれば、固定金利型の返済額をすぐに追い抜き、総返済額も増える可能性があります。超低金利時代の今は、この金利上昇リスクを常に考えておく必要があるでしょう。

金利上昇リスクも考えておかなくちゃ
変動金利は

＜今後の金利が下降したら＞ 固定と変動、どう違う？

借入額2500万円。返済期間35年、元利均等返済の場合

今後の金利が
下降したら

固定金利型
金利 **2.5**%

毎月返済額
8万9373円

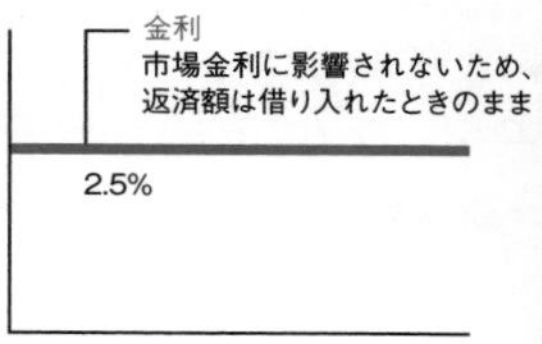
金利
市場金利に影響されないため、
返済額は借り入れたときのまま
2.5%

総返済額
約**3754**万円

変動金利型
金利 **0.7**%（※）

当初の毎月返済額
6万7130円

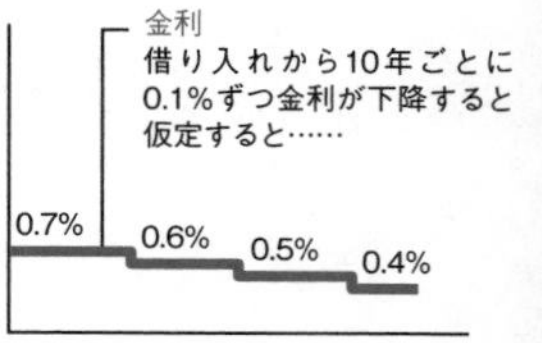
金利
借り入れから10年ごとに
0.1%ずつ金利が下降すると
仮定すると……
0.7%
0.6%
0.5%
0.4%

総返済額
約**2785**万円

※ 店頭表示金利2.475%から、1.775%引き下げられた金利で試算

現在は固定金利型よりも金利の低い変動金利型。金利が下がれば、さらに返済額は少なくなります。とはいえ、今は超低金利時代。これ以上金利が下がる可能性は低く、下がっても下がり幅は小さいでしょう。

さらに
金利が下がることは
期待しないでおこう
今は
超低金利なのね

QUESTION 41

住宅ローン・応用編

店頭表示金利より低金利で借りられる？

Q

銀行のホームページを見たら、
通常の金利よりも低い金利で借りられるみたいです。
これはどんな仕組みですか？
誰にでも適用になるものですか？

A

星子さん　銀行のホームページをあちこち眺めていたら、「**店頭表示金利**よりもマイナス2％」などと書かれていたりします。これは、誰でも金利が低くなるということですか？

西澤さん　今は多くの銀行が店頭表示金利よりも低い金利で融資する**金利引き下げ制度**を設けています。ただし、引き下げ金利を利用できるか、どれくらいの引き下げ幅になるかは審査で決まります。

星子さん　借りる人によって適用の条件は違ってくるんですか？

西澤さん　はい。ホームページなどに表示されている引き下げ金利は「**最大引き下げ金利**」で、購入物件や人によっては引き下げ幅が小さくなる場合もあるんですよ。

星子さん　そうなんですか。他に知っておくといいことがあれば教えてください。

西澤さん　106〜107頁でも解説しますが、金利の引き下げにも種類があります。将来の返済額を把握するためにも、借入先の銀行の場合はどうなのかをあらかじめ確認しておきましょう。

ここがポイント！

Point 01　多くの銀行の住宅ローンに、店頭表示金利よりも低い金利で借りられる制度がある。

Point 02　ホームページなどに表示される「最大引き下げ金利」が利用できるかどうかは、金融機関の審査で決まる。

Point 03　金利の引き下げ幅や、引き下げが続く期間はいろいろ。住宅ローンを借りる前に確認をしよう。

店頭表示金利より低金利。引き下げ金利はここをチェック！

引き下げ金利の仕組み

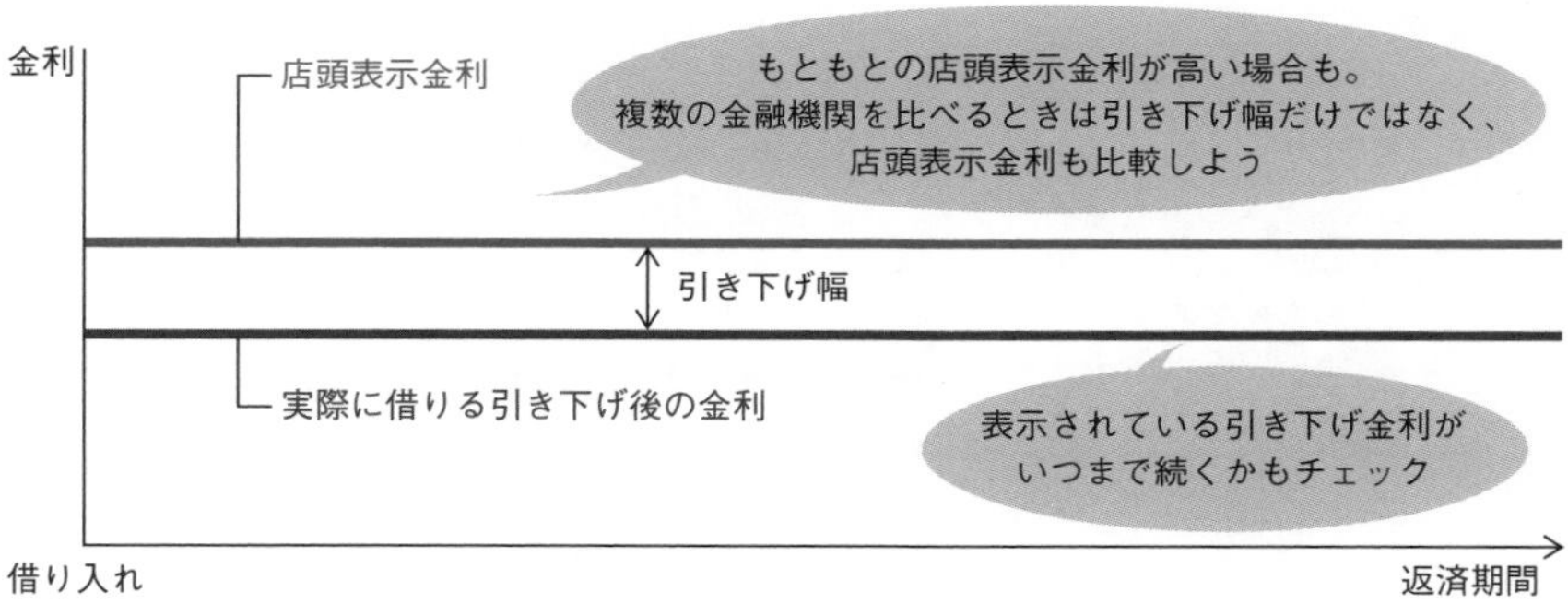
金利
店頭表示金利
もともとの店頭表示金利が高い場合も。複数の金融機関を比べるときは引き下げ幅だけではなく、店頭表示金利も比較しよう
引き下げ幅
実際に借りる引き下げ後の金利
表示されている引き下げ金利がいつまで続くかもチェック
借り入れ
返済期間

Check1

上の図は引き下げ金利の仕組み。いくらマイナスになるかという**引き下げ幅**だけでなく、**店頭表示金利**、その**引き下げがいつまで続くか**で毎月返済額や完済までの総返済額が違ってくる。

Check2

パンフレットやホームページで公表されている引き下げ金利は「最大引き下げ金利」。実際にどれくらいの引き下げが受けられるかは**審査次第**で、**購入する物件や借りる人によって違ってくる**。

次の頁からは、金利引き下げの主なパターンをご紹介しましょう

Check3

物件によっては、「最大引き下げ金利」よりさらに**引き下げ幅が大きくなる**こともある。また、頭金の割合が多い人や、金融機関が提携している会社に勤めている場合なども、大きく引き下げられることが。

当初の引き下げ幅が大きいタイプの引き下げ金利

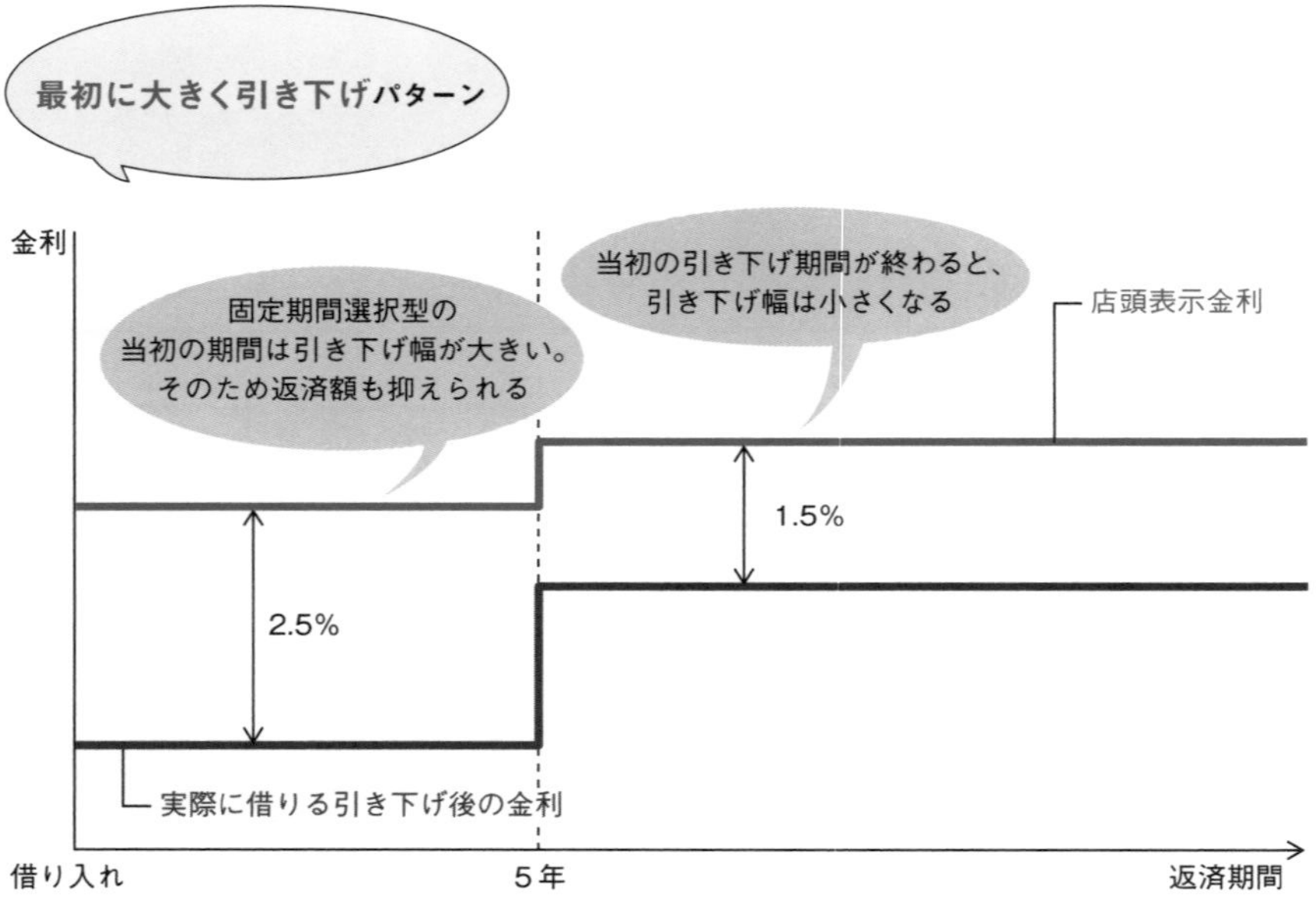
最初に大きく引き下げパターン
金利
固定期間選択型の
当初の期間は引き下げ幅が大きい。
そのため返済額も抑えられる
当初の引き下げ期間が終わると、
引き下げ幅は小さくなる
店頭表示金利
1.5%
2.5%
実際に借りる引き下げ後の金利
借り入れ
5年
返済期間

※ 固定期間選択型5年ものの例。引き下げ幅などの条件は金融機関によって異なる

最初の返済額を少なくする効果があります。
引き下げ幅の大きな期間の終了と、
店頭表示金利の上昇が重なると
返済額が大幅に増えて、家計を圧迫する
可能性がある点に注意が必要です

全期間一律タイプの引き下げ金利

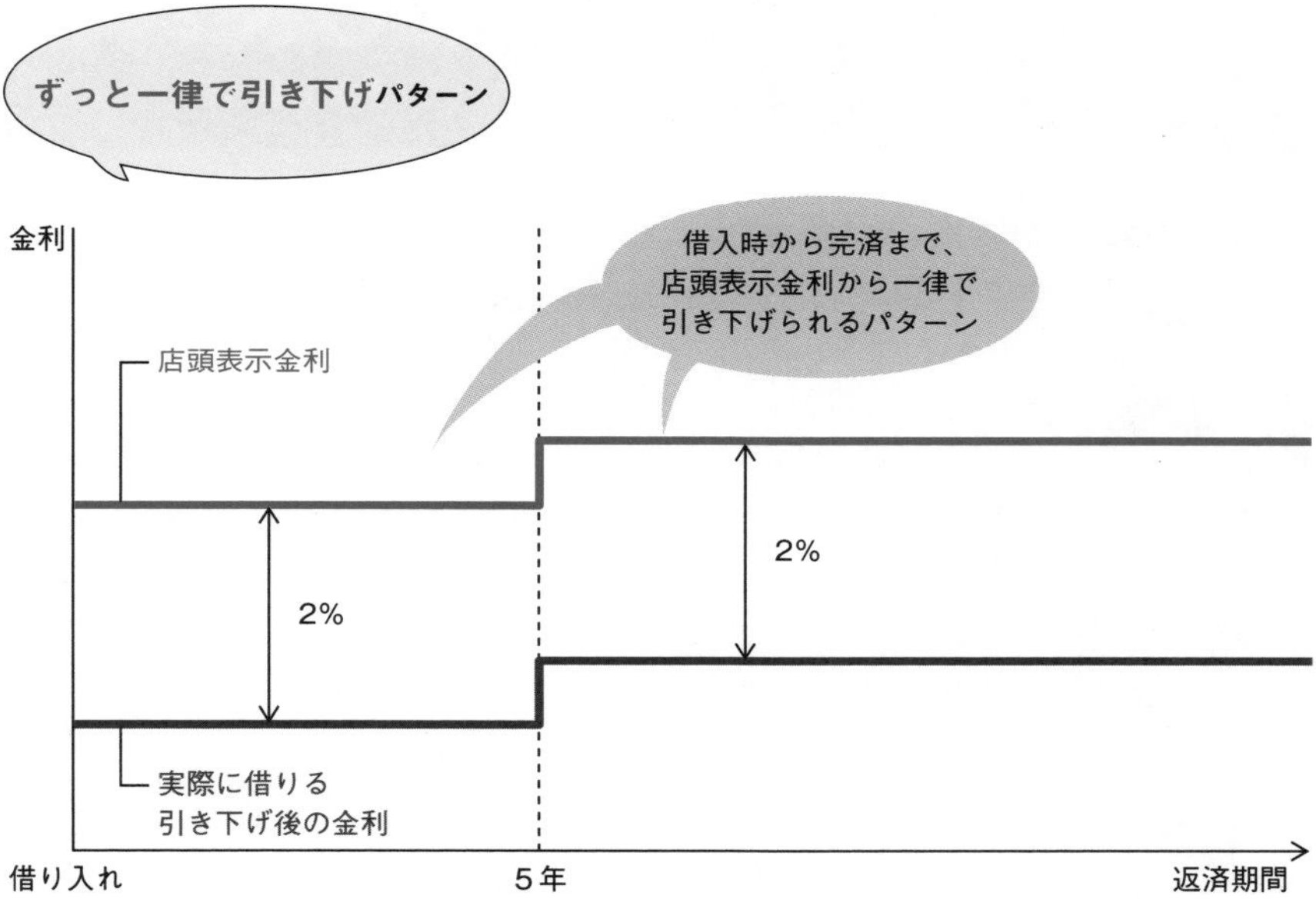

※ 固定期間選択型5年ものの例。引き下げ幅などの条件は金融機関によって異なる

当初の引き下げ幅が大きなパターンに比べると、引き下げ幅は小さめですが完済まで引き下げ幅が同じ。また、最初の返済額は多めです。
なお、全期間固定金利型には、引き下げ金利の設定がない場合が多いです。

注目キーワード

【店頭表示金利と引き下げ金利】

店頭表示金利とは市場の金利動向に合わせて、各金融機関が独自に設定する預金やローンの金利。引き下げ金利はさまざまな条件に応じて、店頭表示金利から引き下げるもの。最大引き下げ幅は、この30年程度で、1.5%超も拡大しています。

QUESTION 42

住宅ローン・応用編

最長で、何年返済までOK?

Q

住宅ローンって長いほど返済が楽になりますか？
不動産の広告などでは、
返済額の試算に35年返済が使われますが
35年がいちばん長い返済期間なのでしょうか？

A

西澤さん　一般的には**80歳までに完済**できる期間か、**35年返済**のどちらか短いほうが**最長返済期間**ということになります。

星子さん　では、50歳の人は30年返済が最長ということですね。35年よりも長い返済期間というのはないのですか？

西澤さん　一部の銀行ローンの他、**フラット50**という50年返済が最長の住宅ローンがあります。

星子さん　50年返済は、毎月返済額が少なくできそうですね。

西澤さん　同じ借入額、同じ金利なら、返済期間が長いほど毎回の返済額は少なくなります。でも、長い返済期間で、固定期間を長くすれば、金利は高く、利息も多くなります。

星子さん　返済総額が多くなってしまいますね。

西澤さん　変動金利の場合は、返済期間が長いほど金利上昇のリスクも高くなりますよ。他にも保証料や団信保険料（金利上乗せ分）が多くかかります。一般の住宅ローンやフラット35とは借入条件も異なります。確認が必要ですね。

ここがポイント!

- **Point 01**　住宅ローンの最長返済期間は一般的には80歳完済までの期間か35年の短いほう。
- **Point 02**　フラット50という、50年返済の商品もある。一部の銀行にも35年を超える借入期間の住宅ローンがある。
- **Point 03**　返済期間が長くなればなるほど、利息、保証料、団信保険料(金利上乗せ分)の負担が大きくなる。

返済期間が長いと総返済額はどうなる？

借入額2500万円を3パターンの返済期間で試算

	フラット20	フラット35	フラット50
金利(例)	1.5%	2.0%	2.3%
返済期間	20年	35年	50年
毎月返済額	12万636円	8万2815円	7万154円
総返済額	約2895万円	約3478万円	約4209万円
利息割合	13.7%	28.1%	40.6%

返済期間が長いと現在は金利も高い

返済期間が長いと利息が多くなる分、総返済額が増える

※ 全期間固定金利型、元利均等返済、ボーナス返済なし、機構団信付で試算。金利は金融機関や資金受取時によって異なる

同じ2500万円の借り入れでも、返済期間20年と50年では、総返済額に約1314万円もの差が生まれます。目先の毎月返済額の少なさに惑わされて、長過ぎる返済期間で借りないようにしましょう。

注目キーワード

【固定金利期間の長さと金利】

現在、固定金利期間が長いほど適用金利は高くなる傾向にある。フラット35（20・50）の場合も同様。ここ数年その金利差は縮小傾向にあったが、最近はフラット20とフラット35の金利差は拡大傾向、フラット35とフラット50の金利差は縮小傾向にある。

QUESTION 43

住宅ローン・応用編

何年で返済すればいい?

Q

返済期間を長くしすぎると総支払額が増えるし、
かといって短くしすぎると毎月返済額が増える…。
私にとってベストな返済期間って、
いったい何年なんでしょう?

A

西澤さん　住宅ローンは、定年退職時までに完済できる返済期間にするべきですね。退職すると、収入は年金のみになって現役時代よりも減る人が大半でしょう。減った収入の中からローンを返済するのは負担が大きいですから。

星子さん　うちは夫が35歳で、65歳が定年退職の予定だから、**35年返済**はやめたほうがいいですね。

西澤さん　たとえ、定年まで35年以上あっても、返済期間はできるだけ短くしておくべきですね。

星子さん　できるだけって、どれくらいでしょう?

西澤さん　85頁で毎月返していける金額を出しましたよね。その金額を目安に、無理のない返済期間まで短くしておくといいですね。

星子さん　そういえば、返済期間って何年単位で選べるんですか?

西澤さん　**1年単位**で選べる金融機関が多いですね。

星子さん　では、29年返済、というのもアリなんですね?

西澤さん　1年短くなるだけでも、利息が減らせて効率的ですよ。

ここがポイント!

Point 01　返済期間は定年退職前に完済できる期間にするのがベスト。

Point 02　定年退職まで35年以上あっても、できるだけ短い返済期間にすることで、利息の支払いを減らせる。

Point 03　返済期間は1年単位で設定できる場合が多い。金融機関で試算をしてもらい無理のない期間を選ぼう。

返済期間を1年短くするだけで、利息の支払いが減って効率的

借入額2500万円の返済期間を1年刻みで検討

返済期間	毎月返済額	総返済額	返済期間35年との利息差
35年	8万9373円	約3754万円	—
34年	9万1021円	約3714万円	**約40万円**
33年	9万2775円	約3674万円	**約80万円**
32年	9万4645円	約3634万円	**約120万円**
31年	9万6643円	約3595万円	**約159万円**
30年	9万8780円	約3556万円	**約198万円**

返済期間を1年短くして、返済額を毎月1648円多くするだけで、返済が1年早く終わり、利息は約40万円少なくなる

※ 金利2.5%、全期間固定金利型、元利均等返済、ボーナス返済なしで試算

返済期間を1年短く設定しても毎月返済額の差は数千円程度。繰り上げ返済で1年短縮するための資金を貯めるよりも、毎月数千円を多めに返済するほうが楽かもしれませんね。

注目キーワード

【条件変更で返済期間短縮】

返済途中で家計に余裕が出てきたら、貯金をして繰り上げ返済をするという選択もあるが、まとまった資金が貯まるまでは時間がかかるもの。家計の余裕がずっと続くなら、毎月返済額を増額して返済期間を短縮する条件変更も検討してみよう。

QUESTION 44

住宅ローン・応用編

返済期間の組み合わせはできる？

Q

返済期間の長いローンと短いローンを組み合わせて借りると、短期のローン完済後は返済が減りますよね。こういう借り方は可能ですか？

A

星子さん　子どもが小学生で教育費があまりかからない時期は、住宅ローンをたくさん返してしまいたいな、と思うんです。たとえば、返済期間30年と10年に分けて住宅ローンを借りることってできるんでしょうか？

西澤さん　ローン契約を2本に分けたり、**ペアローン**にして夫と妻でそれぞれに借りれば、返済期間の違う住宅ローンを同時に利用することができますね。

星子さん　夫が30年返済、私が10年返済でペアローンを組んで、10年後に完済したら私の返済を教育費にまわせばいいんですね。

西澤さん　共働きを続けられるなら、その方法を検討してみてもいいかもしれませんね。ただし、人生何があるか分かりません。どちらかが仕事を辞めても返済できる範囲で借りるのが安心です。

星子さん　はい。

西澤さん　ちなみに、金融機関によっては、97頁で紹介した金利タイプを2つに分ける**金利ミックス型**は、返済期間は別々にできないこともあります。

ここがポイント！

Point 01　ローン契約を2本に分けるか、夫婦それぞれにローンを組むことで返済期間の違う組み合わせは可能。

Point 02　共働きを続けるなら夫婦それぞれに返済期間の違うローンを借りることを検討してもいい。

Point 03　どちらかが仕事を辞めても返済していける範囲で借りるのが安心。

返済期間を2つ組み合わせた場合、返済額はどうなる？

借入額2500万円を返済期間30年（金利2.5%）と10年（金利2.0%）で返済

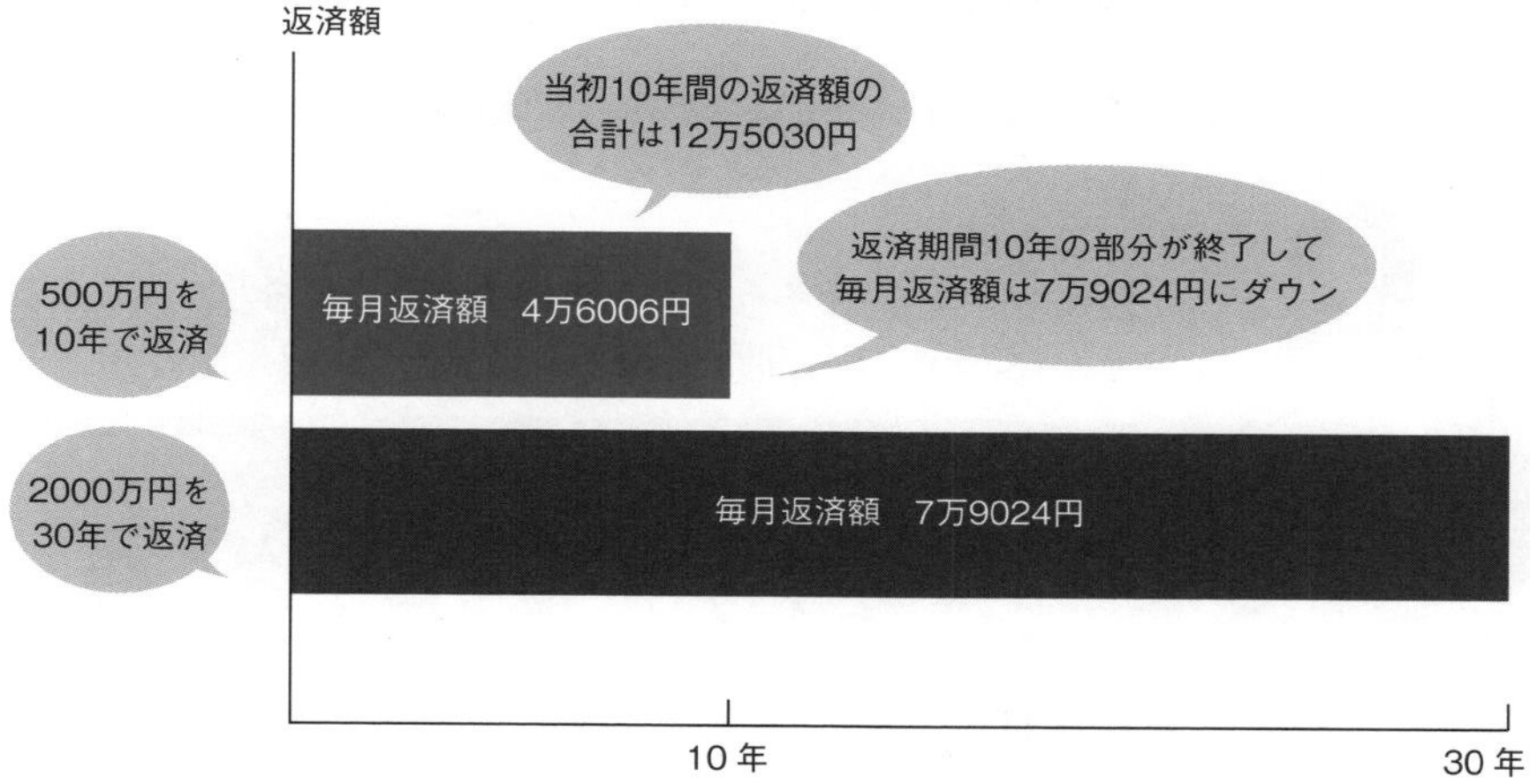

夫婦がそれぞれに返済期間10年以上のローンを組むと住宅ローン減税が2人分受けられ、所得税額によっては１人でローンを組むよりも減税効果が高い場合もあります（174頁）。ただし、ローン契約を２本に分けたり、ペアローンで夫婦それぞれにローンを組んだりすると、事務手数料が２倍になるなど、諸費用（30頁）が少し多くなります。

注目キーワード

【ダブルフラット】

フラット35を取扱う一部の金融機関で、フラット35、フラット20などを２つ組み合わせて借入れる【ダブルフラット】が利用できる。２つの借入の申込者が同一となるなどの注意点はあるが、これも将来の返済負担軽減のために利用を検討してみるとよい。

QUESTION 45

住宅ローン・応用編

途中で返済期間は変えられる?

Q

途中で返済額を減らしたくなったら
返済期間を長くするとか、
逆に、もっと返せそうなら返済期間を短くするとか、
そんなふうに返済期間の変更はできますか?

A

西澤さん　返済中の**返済期間の変更**は、手軽にできるものではないんですよ。

星子さん　なぜですか?

西澤さん　返済期間を短くすると毎月の返済額が増えることになります。その時点での年収で返済していけるのか、金融機関の審査を受けなければなりません。

星子さん　では、返済期間を長くする場合はどうでしょう?

西澤さん　借り入れたときに最長返済期間を設定している場合は、それ以上の延長が難しいですね。また、返済期間を短めにしていたとしても、完済時の年齢が上がることになりますから、誰でも変更可能というわけではありません。たとえば、50歳で20年返済で借りていた人が、35年返済に変更しようとすると…。

星子さん　完済時には85歳!

西澤さん　完済時年齢が80歳までという条件がある銀行がほとんどですから、難しいですね。

星子さん　借りるときは返済期間も慎重に選んだほうがいいですね。

ここがポイント!

Point 01　返済途中の返済期間の変更は、まず銀行に相談して、審査を受ける必要がある。

Point 02　期間を短くすると返済額が増えるため、変更時の年収で返済できるかどうかが条件になる。

Point 03　期間を長くすると完済時年齢が高くなる。金融機関が設定した年齢の上限を超えないことがポイント。

途中で返済期間を変更するとどうなる？

※どちらも全期間固定金利、元利均等返済の場合

返済期間を短くした場合

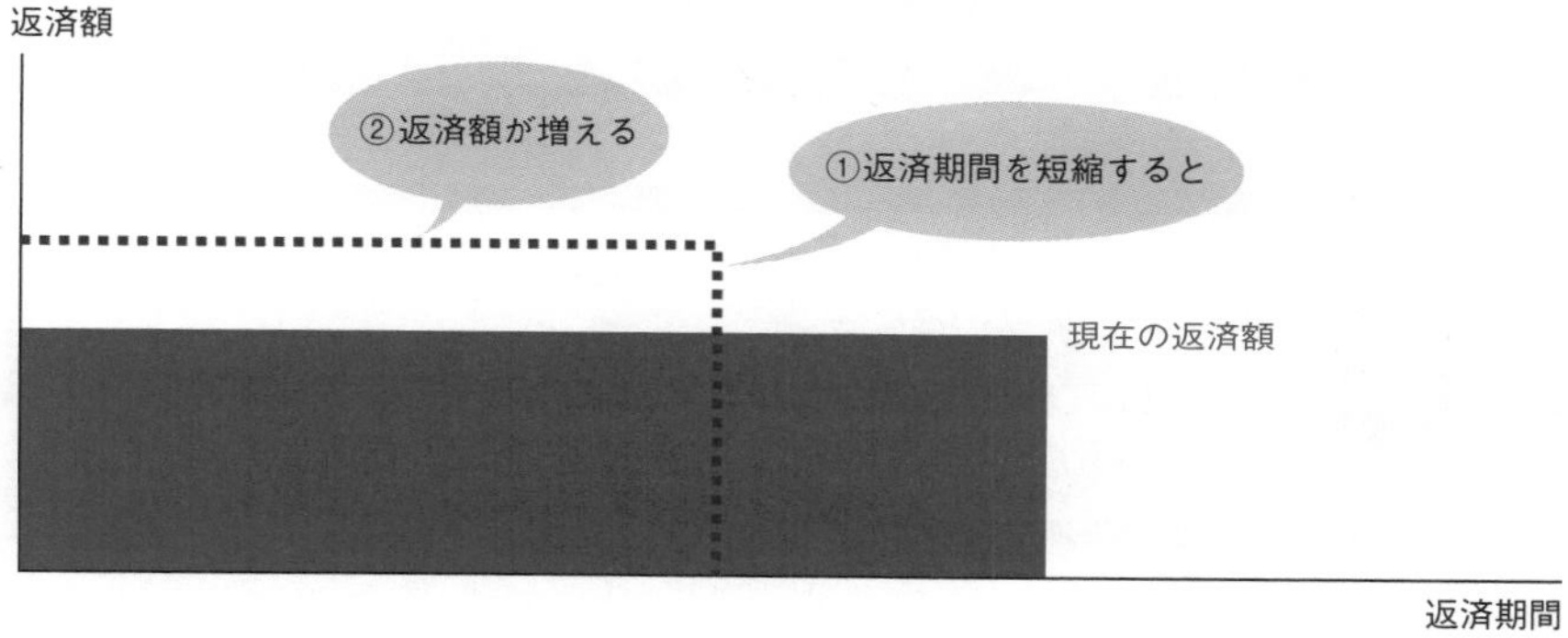
返済額
②返済額が増える
①返済期間を短縮すると
現在の返済額
返済期間

返済期間を長くした場合

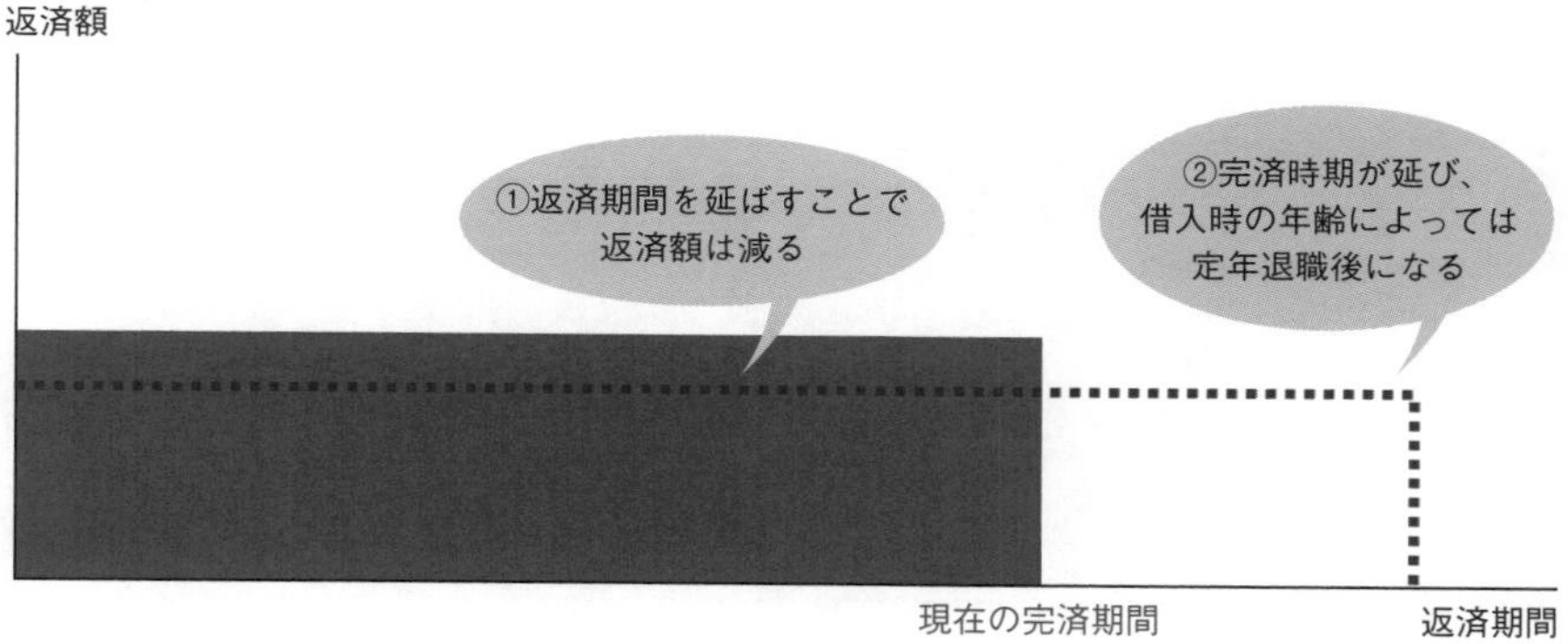
返済額
①返済期間を延ばすことで
返済額は減る
②完済時期が延び、
借入時の年齢によっては
定年退職後になる
現在の完済期間
返済期間

注目キーワード

【返済条件の変更】

返済条件の変更には、「返済期間の短縮」「返済期間の延長」の他、「ボーナス返済の有無」や「ボーナス返済と毎月返済の比率」「元利均等返済か、元金均等返済か」「金利タイプ」などの変更ができる場合もある。ただし、それぞれ一定の審査がある。

QUESTION 46

住宅ローン・応用編

ボーナス返済を上手に使うには？

Q

ボーナス返済を使う人と使わない人がいますが、
ボーナス返済って
どんなメリットがあるのでしょうか？
知っておくべきポイントを教えてください。

A

西澤さん　借入額を毎月返済で返す分と、**ボーナス返済**で返す分に振り分けます。年2回のボーナス月に、毎月の返済額にボーナス返済分をプラスして返済します。

星子さん　ボーナス月は返済額が増えることになるんですね。

西澤さん　そのかわり、同じ借入額なら毎月返済額を減らすことができます。

星子さん　どんな人向きですか？

西澤さん　年収に占めるボーナスの比率が高い人ですね。また、公務員や年俸制などでボーナスの支給額が安定している人が向いています。

星子さん　もしも、返済中に転職をしてボーナスがなくなったりしたら、どうしたらいいでしょう？

西澤さん　ボーナス返済をなくしたり減らしたり、逆に毎月返済のみをボーナス併用返済にしたり、返済途中で変更ができます。ただし、ボーナス返済をなくすと、毎月返済額が増えます。毎月返済額が増えても家計が苦しくならない範囲で、年間の返済額を決めたほうがいいでしょう。

ここがポイント！

Point 01　ボーナス返済利用が向いているのは、年収に占めるボーナスの比率が高く、安定して支給される人。

Point 02　転職などでボーナス支給額が変わったら、ボーナス返済をなくすなど返済途中の変更が可能。

Point 03　ボーナス返済に頼りすぎないことが大切。毎月返済のみにしても、返済していける借入額に。

ボーナス返済を使うと返済額はこう変わる

借入額2500万円を金利2.5%、35年で返済した場合

ボーナス返済にまわす金額	毎月返済額	ボーナス月の返済額
0円(毎月返済のみ)	8万9373円	8万9373円 (内、ボーナス返済分0円)
500万円	7万1499円	17万9069円 (内、ボーナス返済分10万7597円)
1000万円	5万3624円	26万8818円 (内、ボーナス返済分　21万5194円)
1250万円	4万4686円	31万3678円 (内、ボーナス返済分　26万8992円)

※ 全期間固定金利型、元利均等返済で試算

年2回のボーナス月には
毎月返済分とボーナス返済分の
合計額を返済することになる
ボーナス
もらったよ

注目キーワード

【ボーナス返済分の割合】

ボーナス返済に振り分けることができるのは、多くの銀行ローンでは借入金額の50%まで。フラット35、機構財形住宅融資は借入額の40%まで。また、ボーナス月は、勤務先のボーナス支給月に合わせて設定できるのが一般的。

QUESTION 47

住宅ローン・応用編

元利均等返済と元金均等返済、どう違う？

Q

住宅ローンの返済方法で
「元利均等返済」と「元金均等返済」
という言葉がありますが
どう違うのですか？

A

星子さん　この2つの言葉、似ているし難しそうだし、よくわからないんです。

西澤さん　左頁の図を見てくださいね。まず、「**元利均等返済**」は毎回の返済額が同じになるように、元金と利息の割合を調整している返済方法です。

星子さん　元金と利息の合計が均等、ということなんですね！

西澤さん　「**元金均等返済**」は、「元金」を毎回均等にする返済方法です。返済がスタートした頃は残りの元金が多いので、かかる利息が多くなり返済額が高めです。同じ金額を借りるなら元利均等返済のほうが、当初の返済額は少ないんですよ。

星子さん　でも、図を見ると返済が進むにつれて利息が減っていくので、毎回の返済額はだんだん減っていくんですね。どちらの返済方法が一般的なんですか？

西澤さん　元金均等返済は採用していない金融機関もあります。モデルルームや金融機関での試算は元利均等返済で行われることがほとんどですね。

ここがポイント！

Point 01　元利均等返済は、元金と利息の合計が均等になる返済方法。毎回の返済額は一定になる。

Point 02　元金均等返済は、均等に割った元金に対して利息がかかる。返済が進むにつれて返済額が減っていく。

Point 03　元利均等返済のほうが一般的なため、モデルルームやモデルハウス、銀行での試算に使われる。

「元利均等返済」と「元金均等返済」の仕組みを知っておこう

元利均等返済の仕組み

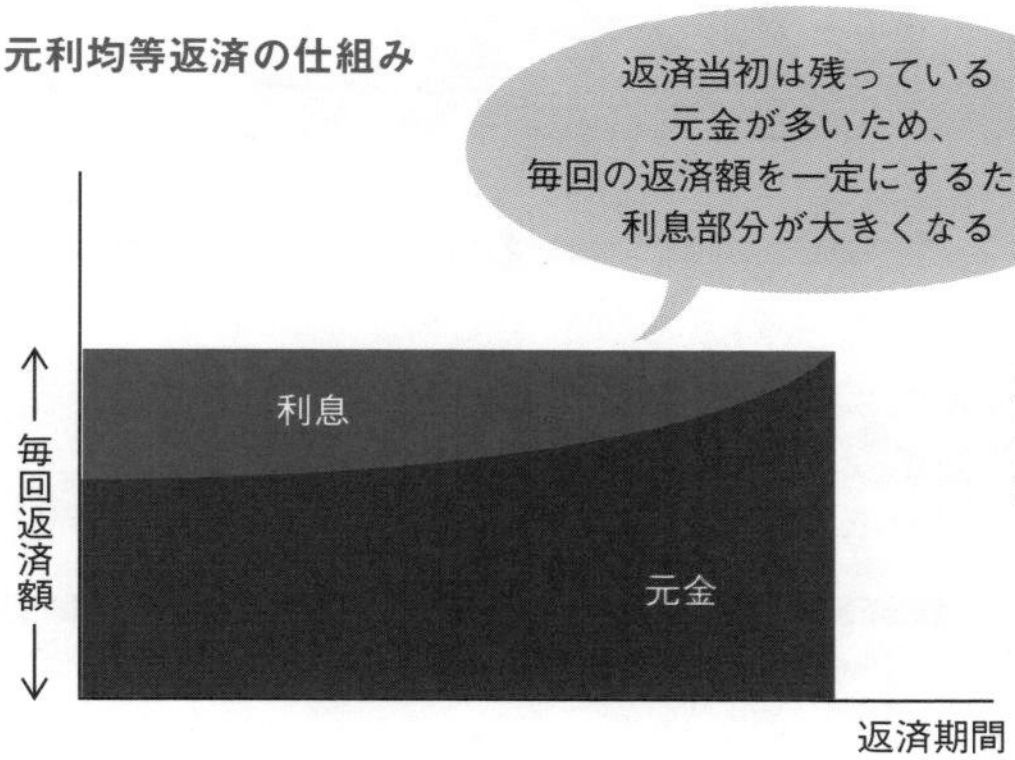
返済当初は残っている
元金が多いため、
毎回の返済額を一定にするために
利息部分が大きくなる
利息
元金
毎回返済額
返済期間

元金と利息の合計が毎回一定になるように割合を調整したのが元利均等返済

元金均等返済の仕組み

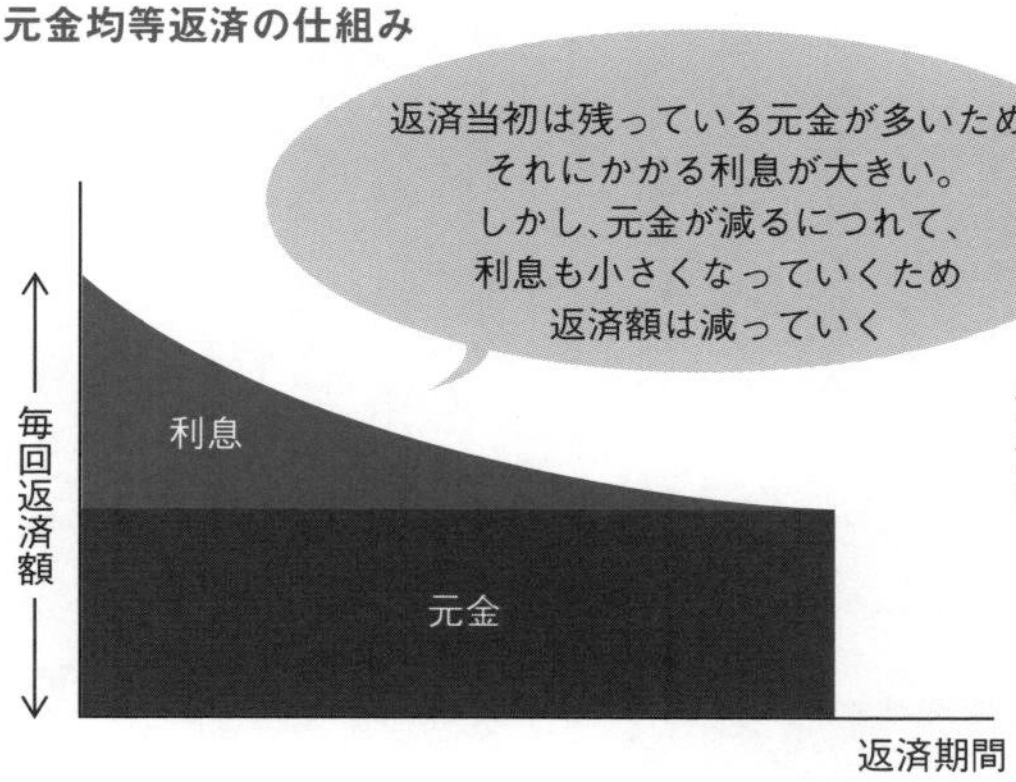
返済当初は残っている元金が多いため、
それにかかる利息が大きい。
しかし、元金が減るにつれて、
利息も小さくなっていくため
返済額は減っていく
利息
元金
毎回返済額
返済期間

元金を均等にして、残っている元金にかかる利息をプラスしていくのが元金均等返済

注目キーワード

【選択のポイント】

元利均等返済は返済額を抑えながら一定額を返済していきたい人向き。元金均等返済は早めにローン残高を減らして、将来の返済を楽にしていきたい人向き。特に子どもが小さく、これから教育費が増えていく見込みの人には元金均等返済が適している。

QUESTION 48

住宅ローン・応用編

元利均等返済と元金均等返済、どっちが有利？

Q

2つの返済方法のうち、どちらを選べばいいのでしょう？それぞれのメリットやデメリットを教えてください！

A

西澤さん　**元金均等返済**を扱っていない銀行もあります。フラット35など、両方用意されている住宅ローンを利用するときは、どちらを選べばいいか迷いますよね。

星子さん　そうですね。迷います。

西澤さん　それぞれのメリット、デメリットを知っておき、自分に合うほうを選ぶようにしましょう。まず、**元利均等返済**のメリットは返済スタート時の返済額が元金均等返済よりも少なくなること。

星子さん　元利均等返済のデメリットはありますか？

西澤さん　利息が元金均等返済に比べて多い分、総返済額が多くなります。ただし、早期の繰り上げ返済では元金均等返済よりも**利息軽減効果**が高くなります。

星子さん　元金均等返済はどうでしょうか？

西澤さん　返済スタート時の返済額が高めという難点はありますが、元利均等返済に比べて利息が少ないため、総返済額が少なくなるのがメリット。当初の返済額が無理なく払える範囲なら、元金均等返済のほうが有利です。

ここがポイント！

Point 01　元利均等返済と元金均等返済を比べると、当初の返済額は元利均等返済のほうが少ない。

Point 02　繰り上げ返済をせずに返済を続けると、完済までの総返済額は、元金均等返済のほうが少ない。

Point 03　早めに繰り上げ返済をすると、利息軽減効果は元利均等返済のほうが高い。

「元利均等返済」と「元金均等返済」の特徴を知っておこう

借入額2500万円を金利2.5%、返済期間35年で返済した場合

	当初の毎月返済額	総返済額
元利均等返済	8万9373円	約3754万円
元金均等返済	11万1607円	約3596万円

※ 全期間固定金利型、ボーナス返済なしで試算

第1回の返済は**2万2234円**の差！

総返済額は**約158万円**の差！

元利均等返済と元金均等返済を比べると？

	元利均等返済	元金均等返済
借入可能額	多い	少ない
当初の返済額	少ない	多い
支払う利息	多い	少ない
元金の減り方（残債）	返済開始当初は減少が少ない	一定
繰り上げ返済の効果	早期に行うほど利息軽減・期間短縮効果が高い	時期に関わらず短縮される期間は一定

どちらを選ぶか決める前に、知っておきたいポイントです

注目キーワード

【元金均等返済での試算】

モデルルームやモデルハウスで資金計画を相談した場合、要求しなければ元金均等返済では試算してもらえないことがほとんど。元利均等返済での試算の結果、総返済負担率が20%以下なら、元金均等返済でも返済に無理がない可能性がある。試算をしてもらおう。

QUESTION 49

住宅ローン・応用編

繰り上げ返済ってどんなもの？

Q

住宅ローンを返している人から
「繰り上げ返済」という言葉をよく聞きます。
どんな仕組みになっていて、
どんな効果があるのでしょうか？

A

星子さん　「がんばって繰り上げ返済してるの」って友だちが言っているのですが、**繰り上げ返済**ってどんなものですか？　なんだかおトクらしいのですが。

西澤さん　普段返済している分とは別に、前倒しで元金の一部、または全部を返済することです。元金が早く減るのはもちろんですが、その元金にかかるはずだった利息もなくなるメリットがあります。

星子さん　元金が減った分、毎月返済額が少なくなるのですか？

西澤さん　繰り上げ返済には、毎回の返済額を減らすタイプ「**返済額軽減型**」と、返済期間を短くするタイプ「**期間短縮型**」の２種類があります。

星子さん　どちらを選んでもいいんですか？

西澤さん　ライフプランに合わせて選ぶといいですね。ただし、一部の住宅ローンでは「期間短縮型」しか選べないものもあるので確認しておきましょう。

星子さん　毎月の返済を減らして楽になるか、早く完済して楽になるか、借りる前から迷いますね。

ここがポイント！

Point 01　毎月返済している分とは別に、元金の一部、または全部を前倒しで返済するのが「繰り上げ返済」。

Point 02　前倒しで返済することで、元金にかかるはずだった利息をなくすことができるため、総返済額が減る。

Point 03　毎回の返済額を少なくする「返済額軽減型」と、返済期間を短くする「期間短縮型」がある。

繰り上げ返済の仕組みを知っておこう

期間短縮型の仕組み

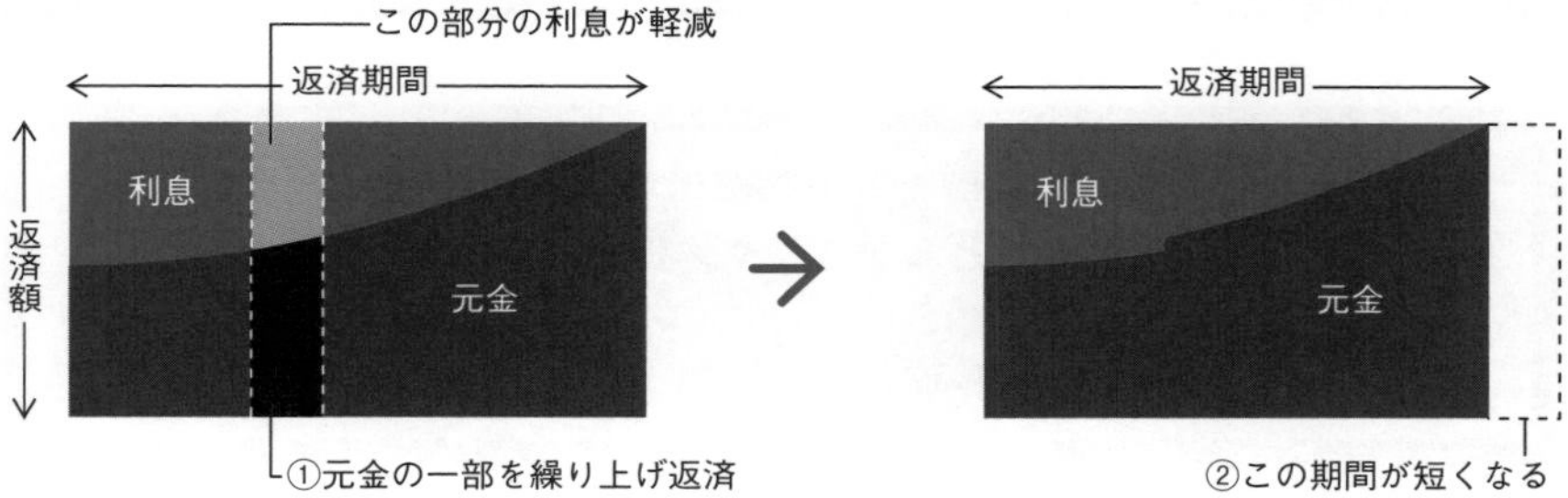

返済額軽減型の仕組み

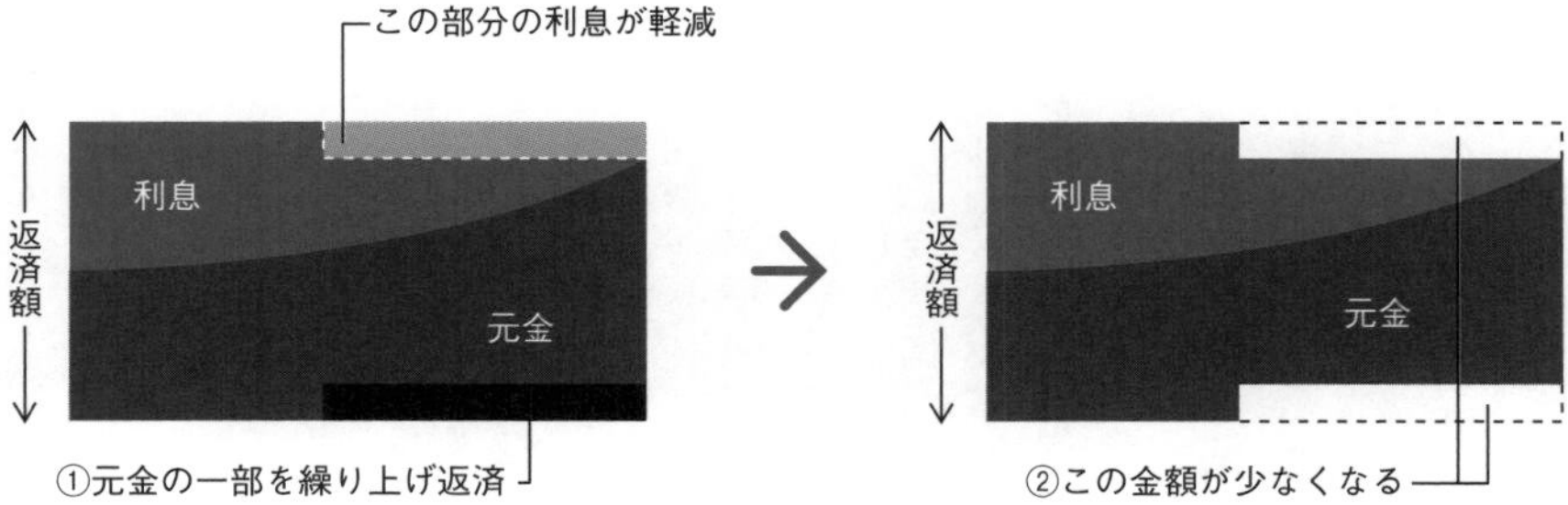

注目キーワード

【フラット35の繰り上げ返済手続き】

これまでは100万円以上という条件で、金融機関の窓口に申し出ていた繰り上げ返済が、インターネットサービス「住・My Note（すまいのーと）」(※)を利用すれば、10万円以上から申込みできる。繰り上げ返済手数料は窓口でも「住・My Note」でも無料。

※ https://www.su-mynote.jhf.go.jp

QUESTION 50

住宅ローン・応用編

繰り上げ返済のメリットは？

Q

期間短縮型と返済額軽減型がある繰り上げ返済。
それぞれどんな特徴やメリットがあるのですか？
自分にはどちらが向いているかを考えるときの
ポイントも教えてください！

A

西澤さん　まず**期間短縮型**についてお話ししましょう。

星子さん　返済期間が短くなるほうですね。

西澤さん　繰り上げ返済後の毎回の返済額は変わらないのですが、**返済額軽減型**を選んだ場合よりも利息をたくさん減らせます。

星子さん　では、返済に余裕があるなら期間短縮型がいいかも。

西澤さん　そうですね。たとえば、月々の返済額を少なくするために長期でローンを組んだけど、完済予定が定年退職後になっている、というような人におすすめですね。

星子さん　返済額軽減型についてはいかがですか？

西澤さん　返済期間は適正だけど、月々の返済額が多いと感じる人にはおすすめ。たとえば、最初に返済額軽減型で毎月返済額を減らして家計に余裕をつくり、その後は、期間短縮型にするなど、家計の状況に合わせて選ぶといいですね。

星子さん　繰り上げ返済をする時期で違いはありますか？

西澤さん　早ければ早いほど、**利息軽減効果**は高いですよ。

ここがポイント！

Point 01　同じ金額を繰り上げ返済した場合、利息を多く減らせるのは期間短縮型のほう。

Point 02　月々の返済に余裕があるなら期間短縮型を、返済が負担なら返済額軽減型を検討。

Point 03　繰り上げ返済は早いほど利息軽減効果が高い。

繰り上げ返済は選び方で効果が違ってくる

住宅ローンのDATA　借入額2500万円／返済期間35年／金利2.5%（全期間固定金利型）

期間短縮型と返済額軽減型、利息の減り方が違う

2025年1月に返済スタート。2026年6月に約100万円を繰り上げ返済する場合

繰り上げ返済前　毎月返済額8万9373円　完済までの利息　約1254万円

↓

期間短縮型を選ぶと	完済までの利息は約**125**万円減
返済額軽減型を選ぶと	完済までの利息は約**48**万円減

期間短縮型のほうが77万円トク！

※ 元利均等返済で試算

5年後と10年後では、利息と返済期間の減り方が違う

2025年1月に返済がスタート。約100万円を期間短縮型で繰り上げ返済する場合

繰り上げ返済前　毎月返済額8万9373円　完済までの利息　約1254万円

↓

5年後に繰り上げ返済すると	返済期間は**23**カ月短縮	完済までの利息は約**106**万円減
10年後に繰り上げ返済すると	返済期間は**20**カ月短縮	完済までの利息は約**83**万円減

早く繰り上げ返済したほうが返済期間は3カ月分、利息は約23万円トク！

※ 元利均等返済で試算

注目キーワード

【銀行の住宅ローンの繰り上げ返済手続き】

窓口で繰り上げ返済を申し出る方法の他、電話やインターネットでできるケースも多い。手続き方法や、繰り上げ返済の実行日、手数料、インターネットで取り扱っているかどうかなど、金融機関によって対応が違う。事前に確認をしておこう。

QUESTION 51

住宅ローン・応用編

繰り上げ返済で知っておくといいことは？

Q

いつ繰り上げ返済をするのか、
返済期間を短くするのか、返済額を減らすのか、
繰り上げ返済は実行の仕方で効果が違うんですね。
知っておくべきポイントをもっと教えてください。

A

西澤さん　繰り上げ返済には手数料がかかる場合があるんです。

星子さん　いくらくらいですか？

西澤さん　それが、金融機関やローン商品などによっていろいろ。手数料無料でできるところもあれば、数千円から数万円の手数料がかかる場合も。固定金利の期間中なのか変動金利なのか、手続きをするのが店頭かインターネットかなどでも違ってきます。

星子さん　頻繁に繰り上げ返済するつもりなら、手数料が無料のところを探すといいですね。

西澤さん　繰り上げ返済の金額に下限がある場合も。１万円以上からできる金融機関が多いのですが、フラット35や機構財形住宅融資の場合、窓口では１００万円以上から、インターネットサービス「住・ＭｙＮｏｔｅ」（１２３頁）では10万円以上からの受付になります。

星子さん　そうなんですね。

西澤さん　繰り上げ返済は利息を減らせますが、注意点もいろいろあります。左頁で知っておきたいことをご紹介しますので読んでくださいね。

ここがポイント！

- **Point 01**　繰り上げ返済には金融機関やローン商品によって、手数料がかかる場合がある。
- **Point 02**　手数料は住宅ローンの金利タイプや、手続きの方法が店頭かインターネットかなどでも違ってくる。
- **Point 03**　フラット35や機構財形住宅融資の繰り上げ返済は、10万円もしくは100万円以上からの受付になる。

繰り上げ返済をする前に知っておきたいイロイロ

繰り上げ返済手数料に注意

手数料は無料〜数万円と差があります。積極的に繰り上げ返済をする予定なら、手数料がかからない、または安いところを検討しましょう。

受付け金額の下限に注意

最近は1万円以上から繰り上げ返済を受け付けるケースが多いのですが、フラット35・機構財形住宅融資のように窓口では100万円以上から受付というところも。

貯金をすべて繰り上げ返済にまわさない

住宅ローンを早く終わらせようと繰り上げ返済をしすぎて、手元に貯金ゼロ、というのも不安なもの。万が一の出費や、子どもの教育費が足りないということのないように、ある程度のまとまったお金は残しておきましょう。

冬のボーナスで繰り上げ返済をするとき

年末のローン残高の0.7%が所得税や住民税から控除される住宅ローン減税。ローン残高が多いほうが控除額が大きくなります。冬のボーナスを繰り上げ返済にまわすなら1月に実行したほうが有利になる場合があります。

返済額軽減型のない金融機関も

返済額を減らすタイプの繰り上げ返済ができない住宅ローンもあります。借入先を決める前に必ず確認しておきましょう。

ローン減税より繰り上げ返済

期間短縮型の繰り上げ返済で借入時からの返済期間が10年を切ると住宅ローン減税が適用されなくなります。しかし、だからといって繰り上げ返済をしないのはナンセンス。減らせる利息のほうが減税額より大きい場合も。返済額軽減型を選ぶか、ローン減税をあきらめても繰り上げ返済すべきか試算を。

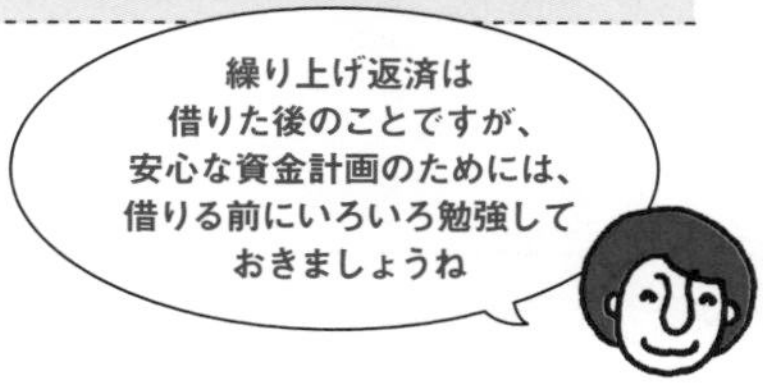
繰り上げ返済は
借りた後のことですが、
安心な資金計画のためには、
借りる前にいろいろ勉強して
おきましょうね

注目キーワード

【繰り上げ返済手数料】

手数料は無料から数万円までさまざま。変動金利期間中より固定金利期間中のほうが、また、一部繰り上げ返済をする金額が多いほど手数料が高い傾向にある。窓口では有料でも、インターネットを使えば無料の銀行も。

COLUMN

支払いが厳しくなったらすぐに金融機関に相談に行くこと

慎重に資金計画を立てたつもりでも、不況や病気による収入減、思わぬ教育費のアップなどで、住宅ローンの返済が苦しくなることがあります。支払いが厳しくなっても、カードローンやキャッシングなどの新たな借り入れに頼るのではなく、すぐに金融機関に相談しましょう。

各金融機関では相談窓口を設けるなど、支援に積極的に取り組んでいます。ケースバイケースですが、下の図のような条件変更で対応してくれる可能性があります。

また、「自然災害による被災者の債務整理に関するガイドライン」では、2020年12月から新型コロナウイルス感染症の影響でローンが返せない場合も対象に加えられました。「返済額の免除や減額」に応じてくれる制度を運用しているところもあるので、返済に困ったら、まずは借り入れ先の金融機関に問い合わせてみてください。

返済条件の変更にはこんな方法がある(例)

ボーナスが減少 →	一定期間、ボーナス返済分を減額(期間終了後は増額)
	ボーナス返済分を毎月返済分にまわす(毎月返済分が増額)
定期収入が減少 →	返済期間はそのままで、一定期間、毎月返済額を減額(期間終了後は増額)
	返済期間を延長して、毎月返済額を減らす

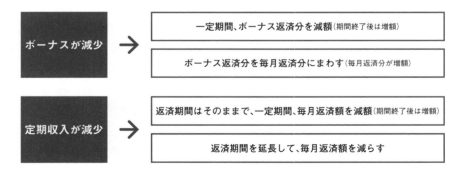

第5章

住宅ローンは将来も考えて

自分にぴったりの資金計画を探す

長期間で返済していく住宅ローン。今の家計だけでなく、将来の家計やライフスタイルも考えたうえで資金計画を立てることが大切です。返済スタート後の返済計画の変更や、ライフスタイル別の適した借り方・返し方を紹介します。

QUESTION | 52

タイプ別の借り方・返し方

タイプ別の借り方・返し方は？

Q

住宅ローンはいろいろな借り方・返し方があるだけにどう選んでいいのかわかりません。
自分に合った借り方・返し方をみつけるためのポイントはありますか？

A

星子さん　住宅ローンっていろいろな返し方があって迷ってしまいます。自分に合った返し方、というのは、何を基準に考えたらいいんでしょう。

西澤さん　長期で返済していくものですから、今の収入や支出だけでなく、将来の家計がどうなるかを予測したうえで返し方を計画することが大切です。

星子さん　なるほど。今のことだけじゃなく、将来のこともですね。

西澤さん　今後の家計の推移をパターン分けすると、大きく分けて３つ。「今後大きく収入ダウン、または支出アップ」「今後大きく収入アップ、または支出ダウン」「今後の収入や支出に変動がない」ですね。

星子さん　今後、家計の余裕分が減るのか、増えるのか、変わらないのか、ということですね。

西澤さん　そうですね。具体的にはどんな状況の世帯なのかを、左頁でまとめました。当てはまるケースがなくても、今後の収入の変化を予測して、１３２頁からの資金計画を参考にしてください。

ここがポイント！

Point 01　まずは、今の家計を把握し、将来の家計を予測しよう。

Point 02　将来の家計の変化をベースにして、住宅ローンの選び方や返し方を考えること。

Point 03　家計の変化は、将来の家計の余裕分が「増える」「減る」「変わらない」のどれなのかがポイント。

今後の家計収支がどれに当てはまるか考えてみよう

- 将来、共働きを辞める予定
- 将来、妻の仕事量を減らしたい（正社員から派遣・パート勤務などへ）
- 共働きだが、子どもができたら産休・育休、時短勤務となる
- 将来、独立や転職を考えていて収入が減る可能性がある
- 返済期間中に定年退職などで収入が減る可能性がある
- これから子どもの教育費が増える

↓

今後大きな収入ダウン or 大きな支出アップ **132～139頁参照**

- 将来、共働きになる予定
- 将来、妻の仕事量を増やせる見込みがある（パート・派遣勤務から正社員、時短からフルタイムなど）
- 転職や独立、昇進、事業承継などで確実に収入アップが見込める
- 数年後（おおむね5年以内）に投資資金や保険金、相続など大きな一時的収入が見込まれる
- 数年後（おおむね5年以内）に子どもが全員独立する、または扶養家族が減る予定

↓

今後大きな収入アップ or 大きな支出ダウン **140～145頁参照**

- 今も今後も子どもや扶養する予定の家族がいない
- 今後も今と変わらない働き方で働く

↓

今後の収入や支出に大きな変動はない **146～151頁参照**

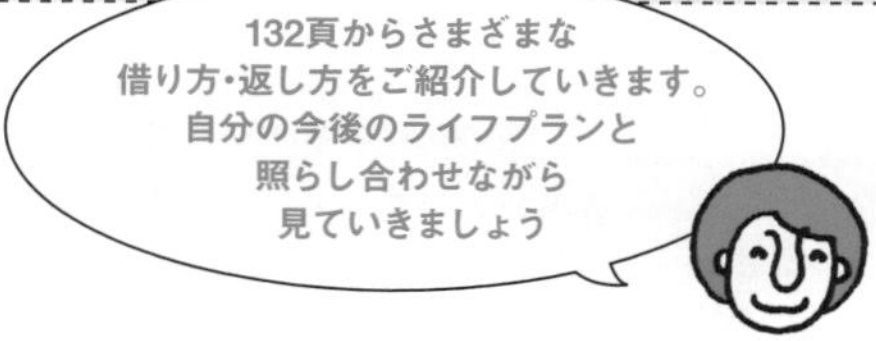
132頁からさまざまな
借り方・返し方をご紹介していきます。
自分の今後のライフプランと
照らし合わせながら
見ていきましょう

注目キーワード

【将来の収入】

昔は長く勤めるほど収入が増える人が多かった。しかし、今は年功序列型賃金体系は縮小傾向。一般的に20～30代は毎年ある程度収入が増えるが、40代は横ばい、50代は下がる場合もある傾向に。資金計画を立てるときは将来の収入を楽観しすぎないほうが安全。

QUESTION 53-1

タイプ別の借り方・返し方

TYPE 収入ダウン or 支出アップ

返済期間はどうすればいい？

Q

将来、収入が減ったり、出ていくお金が増えたりで
住宅費にまわせるお金が少なくなったら
繰り上げ返済もできないかもしれません。
こんな場合、返済期間はどうすればいいですか？

A

西澤さん　**返済期間**を長くしておくと毎月の返済額は少なくなりますから、できるだけ長い返済期間で借りておいて、返済がラクな分、たくさん貯金をして繰り上げ返済しよう、と考える人も多いですね。

星子さん　はい。毎月貯金できる金額を調整できてよさそう。

西澤さん　でも、今後、収入が減ったり、支出が増えたりするのであれば、繰り上げ返済のための貯金はできなくなるかもしれません。

星子さん　では、退職金で一括返済、というのはどうでしょう？

西澤さん　退職金が確実に出て、ローンの残りを払っても老後資金が確保できるならいいのですが、今の時代、退職金はあてにはしないほうが無難。もし、退職金が出ても、老後の生活資金としてとっておいたほうが安心でしょう。

星子さん　では、あまり長い返済期間は避けたほうがいいですね。

西澤さん　返済期間が短くなると毎月返済額は増えますが、それでも、左頁のケースのように定年退職までに完済できる返済期間で借りるのが鉄則ですね。

ここがポイント！

Point 01　今後、住宅費にまわせるお金が減るなら、繰り上げ返済用の貯金はなかなかできないものと考えよう。

Point 02　退職金で住宅ローンを一括返済しようと考えずに、老後の資金と考えておくのが無難。

Point 03　定年退職までに完済できる返済期間で借りておくのが安心。

RULE: 定年退職の65歳以前の住宅ローン完済をめざす

35歳で2500万円を借り入れる場合

ローンの条件　借入額:2500万円／金利:2.5%(全期間固定金利型)
返済方法:ボーナス返済無し、元利均等返済

最長の**35年返済**を利用すると

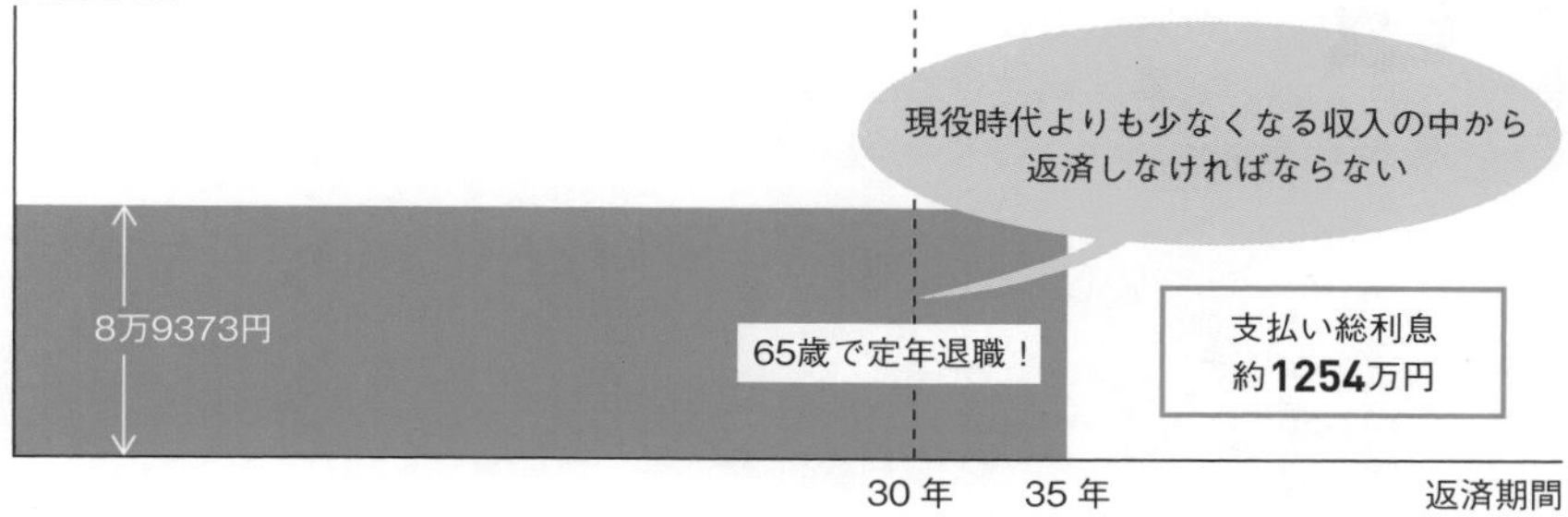

定年退職と同時に返済が終わる**30年返済**にすると

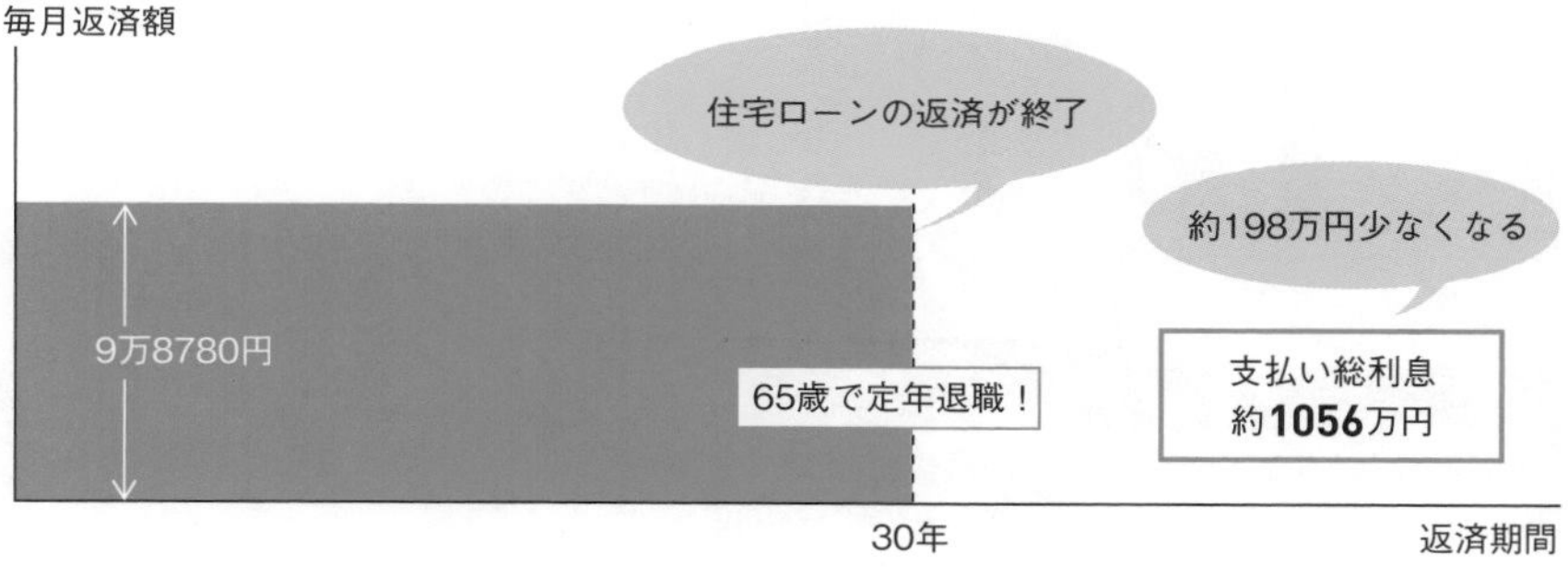

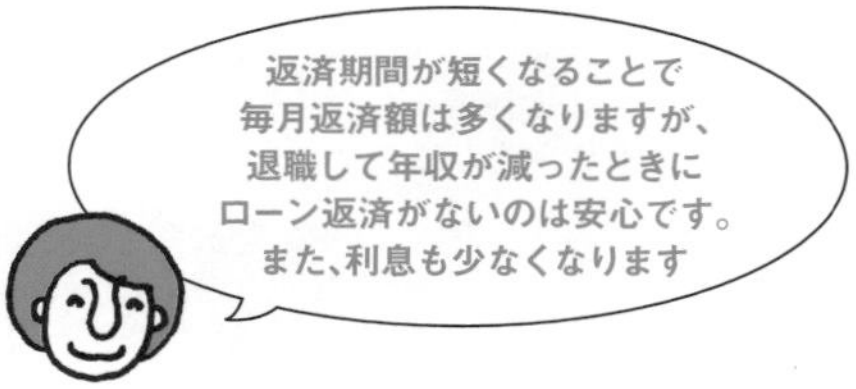

QUESTION 53-2

タイプ別の借り方・返し方

TYPE 収入ダウン or 支出アップ

家計の変化に対応するには？

Q

あと5年で共働きを辞めるとか、
あと10年で子どもの教育費が増えるとか、
家計が変化する時期がわかっている場合、
事前にできることはありますか？

A

星子さん　あと5年で共働きを辞めるから収入が減るとか、あと10年で子どもが高校や大学に進学するから教育費の負担が増えるとか、家計の変化の時期がわかっている場合、どんな返済の仕方がありますか？

西澤さん　収入が減ったり、支出が増えたりしても無理なく返済していける金額を、毎月返済額の上限にしておくのもいいですが、もし、当初の返済期間で家計に余裕があるのなら、収入ダウンまたは支出アップするまでの間、**繰り上げ返済**に励むのがいいでしょう。

星子さん　繰り上げ返済は**期間短縮**と**返済額軽減**と、どちらがいいのでしょう？

西澤さん　ケースバイケースではありますが、**利息軽減効果**が高いので当初の毎月返済額に無理がないなら、期間短縮型を優先して検討しましょう。でも、将来、家計が苦しくなるかも、という不安があるのなら、返済額軽減型の検討も必要です。次の頁では返済額軽減型の例を紹介しています。

星子さん　よく読んで勉強します。

ここがポイント！

Point 01　将来、家計が変化しても返済していけるよう、無理のない範囲で借りておくのが大前提。

Point 02　将来、収入ダウン・支出アップの可能性があるなら、その前に繰り上げ返済をしておく。

Point 03　将来、住宅ローン返済が家計を圧迫する心配があるなら、繰り上げ返済は返済額を減らせるタイプで。

RULE: 家計が変化する前に繰り上げ返済に励む

35歳で2500万円を借り入れる場合

ローンの条件　借入額:2500万円／金利:2.5%(全期間固定金利型)／返済期間:30年
返済方法:ボーナス返済無し、元利均等返済

返済開始から**10年後**に共働きを辞めて**年収が減る**

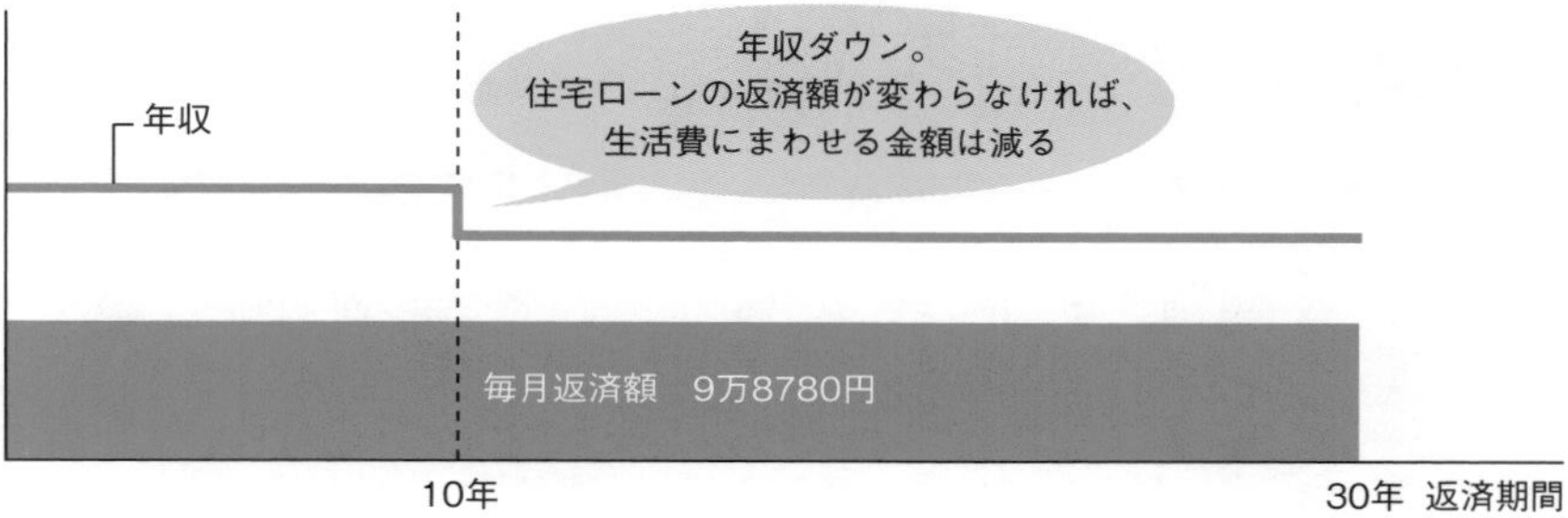
年収ダウン。
住宅ローンの返済額が変わらなければ、
生活費にまわせる金額は減る
年収
毎月返済額　9万8780円
10年
30年　返済期間

↓

100万円ずつ返済額軽減型の繰り上げ返済をすると

何年後？	合計でいくら繰り上げ？	10年後の毎月返済額は？
5年後	100万円	**約9万4000円**
3年後と6年後	200万円	**約9万円**
3年後と6年後と9年後	300万円	**約8万4000円**

繰り上げ返済はすればするほど、将来の返済が楽になります。
でも、貯金のすべてを繰り上げ返済にしないこと。
将来の収入ダウンや支出アップに備えて、貯金を残しておきましょう。

QUESTION 53-3

タイプ別の借り方・返し方

TYPE 収入ダウン or 支出アップ

金利を組み合わせていい?

Q

将来、収入が減ったり、支出が増えたりする場合は、どんな資金計画がいいのでしょう? 違うタイプの金利を組み合わせてもいいですか?

A

星子さん　将来、家計の余裕が少なくなる可能性がある場合、住宅ローンは返済額が増えない、全期間固定金利型が安心ですか?

西澤さん　そうですね。全期間固定金利型は、元利均等返済の場合は返済額が一定で安心です。

星子さん　金利が高めなのが…。

西澤さん　借入額のうち、一部を変動金利や短期の固定期間選択型にする方法もあります。家計が変化するまでの間に、低金利の恩恵を受けつつ、**繰り上げ返済**と併用しながら返済。ただし、全期間固定の比率が高いほうが安心です。金利が変動する借り入れは短期間で完済。共働きなら**ペアローン**で妻の借り入れを変動金利型で10年返済などにする方法もありますね。

星子さん　繰り上げ返済はどちらの金利タイプ優先がいいですか?

西澤さん　金利が上昇傾向なら、変動や短期固定を先に。金利が現状維持・下降傾向なら、全期間固定金利を先に繰り上げ返済すると、収入ダウン・支出アップまでに残債を効率的に減らしておくことができます。

ここがポイント!

Point 01　今後の家計の余裕が少なくなるなら、住宅ローン返済は極力増えないような借り方にしたい。

Point 02　全額を全期間固定金利型で借りると、住宅ローンの支出が完済まで一定なので安心。

Point 03　低金利の変動金利型や固定期間選択型と組み合わせる場合は、全期間固定金利型の比率を高くしよう。

RULE: 全期間固定金利型の借り入れ比率を高くする

35歳で2500万円を全期間固定金利型と固定期間選択型をミックスして借りる場合

ローンの条件　借入額:2500万円/返済期間:30年
返済方法:ボーナス返済無し、元利均等返済
金利タイプ:全期間固定金利型と固定期間選択型10年ものを組み合わせ

金利が上昇したら、全期間固定金利型の借り入れが多いほうが、返済額の上昇幅は小さい

<全期間固定金利型の割合が小さい場合>

当初10年間よりも **7119**円のアップ

借入額	毎月返済額 合計 9万3679円	10年後、10年固定の以後の金利が3.0%になったら → 毎月返済額 合計 10万798円
全期間固定金利型(金利2.5%) 500万円	1万9756円	1万9756円
固定期間選択型10年固定(金利2.0%と仮定) 2000万円	7万3923円	8万1042円

<全期間固定金利型の割合が大きい場合>

当初10年間よりも **1780**円のアップ

借入額	毎月返済額 合計 9万7504円	10年後、10年固定の以後の金利が3.0%になったら → 毎月返済額 合計 9万9284円
全期間固定金利型(金利2.5%) 2000万円	7万9024円	7万9024円
固定期間選択型10年固定(金利2.0%と仮定) 500万円	1万8480円	2万260円

金利が変動するタイプの借り入れ比率を多くすると、金利が上昇したときの返済額の増え幅が大きくなります。返済額が増えるリスクを少なくするためにも、全期間固定金利型の割合をできるだけ多くするのがいいでしょう。

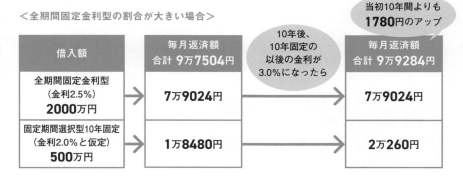

QUESTION 53-4

タイプ別の借り方・返し方

TYPE 収入ダウン or 支出アップ

より安心な資金計画は？

Q

子どもの教育費とか、老後のための貯金とか
今後の支出は少しずつ増えていくようです。
全期間固定金利型を利用し、定年までには完済して、
それ以外にも備えておけることはありますか？

A

星子さん　将来の収入ダウンや支出アップのときにあわてないよう、できるだけのことをしておきたいんです。どうしたらいいですか？

西澤さん　もし、当初の返済に無理がなければ、元利均等返済ではなく、**元金均等返済**を選択するのもいいですね。

星子さん　１１８頁に出てきた返済方法ですね。

西澤さん　そうです。元金均等返済は、元利均等返済で返す場合に比べると、返済スタート当初の返済額が大きくなってしまうのですが、返済がすすむにつれて、徐々に返済額が減っていくんです。

星子さん　将来、収入がダウンしたときに、少しでも住宅ローンの負担が少なくなっていれば、痛手は小さくてすむかも。

西澤さん　ただし、早期に多額の繰り上げ返済を予定しているなら、元利均等返済にしておいたほうが、トクな場合もあるので注意してくださいね。

星子さん　どうやって返済していくかも、あらかじめ考えておいたほうがいいんですね。

ここがポイント！

Point 01　徐々に返済額が減っていく効果がある元金均等返済を、利用する方法もある。

Point 02　元利均等返済に比べて、当初の返済額が大きくなるので、返済に無理がないかどうか気をつけよう。

Point 03　早期に多額の繰り上げ返済を予定しているなら、元利均等返済のほうがトクな場合もある。

RULE: 徐々に返済額が減っていく元金均等返済で返す

35歳で2500万円を借り入れる場合

ローンの条件　借入額：2500万円／金利：2.5%（全期間固定金利型）／返済期間：30年
返済方法：ボーナス返済無し、元金均等返済

返済が進むにつれて、毎月返済額はいくらくらい減るかを知っておこう

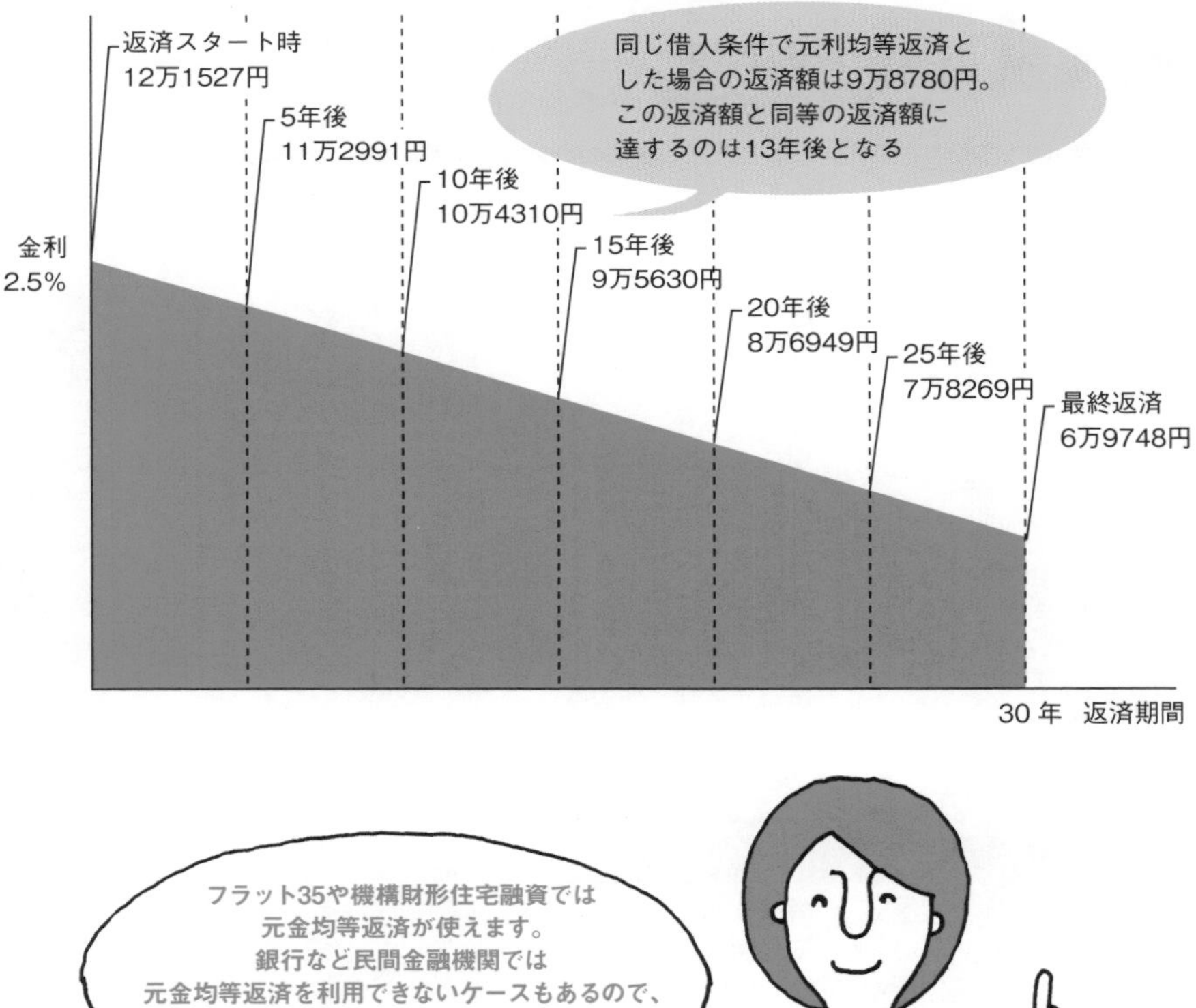
返済スタート時
12万1527円
5年後
11万2991円
10年後
10万4310円
15年後
9万5630円
20年後
8万6949円
25年後
7万8269円
最終返済
6万9748円
金利
2.5%
30年　返済期間
同じ借入条件で元利均等返済とした場合の返済額は9万8780円。この返済額と同等の返済額に達するのは13年後となる

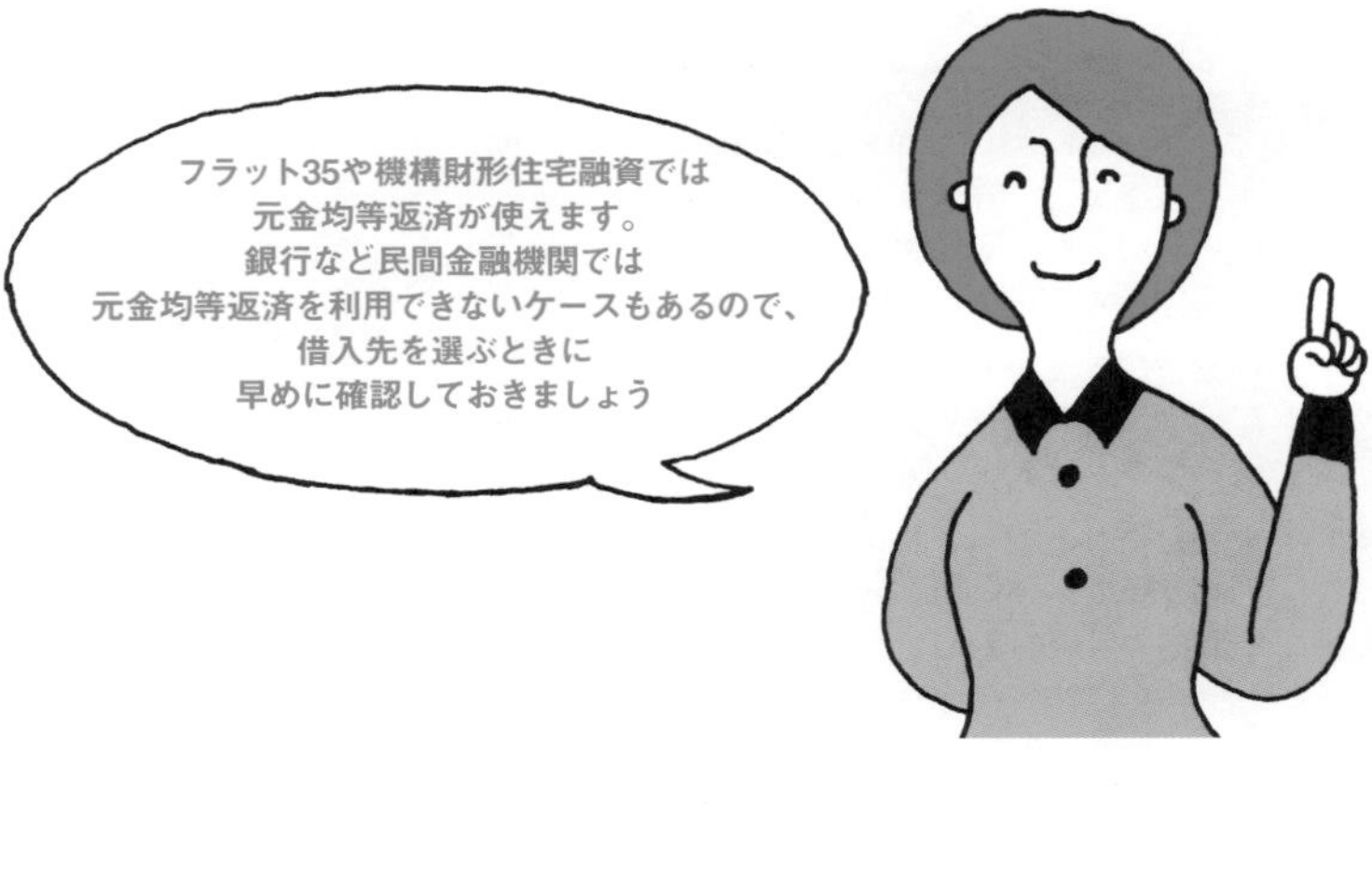
フラット35や機構財形住宅融資では
元金均等返済が使えます。
銀行など民間金融機関では
元金均等返済を利用できないケースもあるので、
借入先を選ぶときに
早めに確認しておきましょう

TYPE 収入アップ or 支出ダウン

家計に余裕が生じるなら？

Q

近い将来、共働きに戻って収入が増えるとか、
子どもが独立して支出が減るとか。
今の家計は楽ではないけど、将来余裕ができる人は
どんな資金計画が考えられますか？

A

西澤さん　将来、収入が上がったり支出が減ったりするからといって、返済スタート時に無理をするのは禁物です。ただし、将来の家計に余裕が生じることが確実なら、それ以降に積極的に返済していくことを考えて、資金計画を立てておくのもいいでしょう。

星子さん　将来、住宅費にまわせるお金が減る場合、返済期間を短くする方法がありましたが、増える場合はどうですか？

西澤さん　返済期間を最初は長めに設定しておくのもいいでしょう。

星子さん　返済期間は長ければ長いほど、毎回の返済額を少なくできるから、住宅費にまわせるお金が増えるまでは安心ですね。

西澤さん　ただし、ずっと長い返済期間のままにしておくと、定年退職後も返済が続くことがあります。収入が増えたり支出が減ったりして家計に余裕ができたら、**条件変更**や**繰り上げ返済**で返済期間を短くする必要がありますね。

星子さん　家計に余裕ができたら定年前に完済できるようにするのが安心、ということですね。

ここがポイント！

Point 01 将来、家計に余裕が生じるとしても、それまでの返済額を無理に多くしないようにしよう。

Point 02 将来、確実に家計に余裕が生じるなら、住宅ローンの返済期間を当初は長めに設定してもいい。

Point 03 家計に余裕ができた時点で、返済期間を短くする手を打ち、定年までの完済を目指そう。

RULE: 長期返済で借り、条件変更で返済期間を短縮

35歳で2500万円を借り、35年返済を設定する場合

ローンの条件　借入額:2500万円／金利:2.5%(全期間固定金利型)
返済方法:ボーナス返済無し、元利均等返済

35歳で35年返済を選択　｜　毎月返済額 **8万9373円**

完済は退職後の70歳で不安

↓

10年後に家計に余裕が生じる場合
毎月返済額を増やす条件変更で返済期間を短縮

↓

10年後に毎月返済額を約**11**万円にすると

返済期間が**6**年短縮

↓

65歳の定年退職前に完済！

家計に余裕ができたら、定年後にローン返済が残らないよう、「繰り上げ返済」で返済期間を短縮するか、返済の「条件変更」で毎月返済額を増やして返済期間を短くするか、なんらかの対策をとりましょう

退職までには完済したいな
定年退職後のローン返済、どうしましょう…

QUESTION 53-6

TYPE 収入アップ or 支出ダウン

収入アップが不確定なら？

Q

収入アップや支出ダウンを予定していますが、
その時期が見えない場合や
万が一、実現しなかった場合を考えると、
どんな資金計画がいいのでしょう？

A

星子さん　将来、家計から住宅ローンにまわせるお金が増えそうだとしても、万が一、ということもあると思うんです。たとえば、共働きをしたくても仕事がみつからないとか。

西澤さん　そうですね。その場合、今の年収で無理のない金額と返済期間で借りて、年収が増えたら繰り上げ返済をしていくとよいでしょう。

星子さん　繰り上げ返済は、期間短縮と返済額軽減とどちらがいいですか？

西澤さん　毎月の返済額に無理がないのであれば、返済期間を短縮していったほうが利息の減り方は大きいですね。

星子さん　どんなペースで繰り上げ返済すればいいのでしょう？

西澤さん　繰り上げ返済は早ければ早いほど効果が高いので、資金ができたらこまめに返済するのがいいですね。ただし、手数料がかかったり、フラット35など100万円以上（窓口での申し込みの場合）からの受け付けとなる場合もあるので注意しましょう。

ここがポイント！

Point 01　返済額に無理のない範囲で借りておき、家計に余裕ができたら繰り上げ返済を。

Point 02　繰り上げ返済に手数料がかかる場合は、軽減される利息と手数料の差額を考えて実行しよう。

Point 03　こまめに繰り上げ返済をするなら、返済手数料無料や、少額から繰り上げできる住宅ローンが有利。

RULE: 将来、家計にゆとりができたら積極的に繰り上げ返済をする

35歳で2500万円を借り、将来、収入が増える場合

ローンの条件　借入額:2500万円／金利2.5%(全期間固定金利型)／返済期間:30年
返済方法:ボーナス返済無し、元利均等返済

10年間で期間短縮型の繰り上げ返済を5回実行

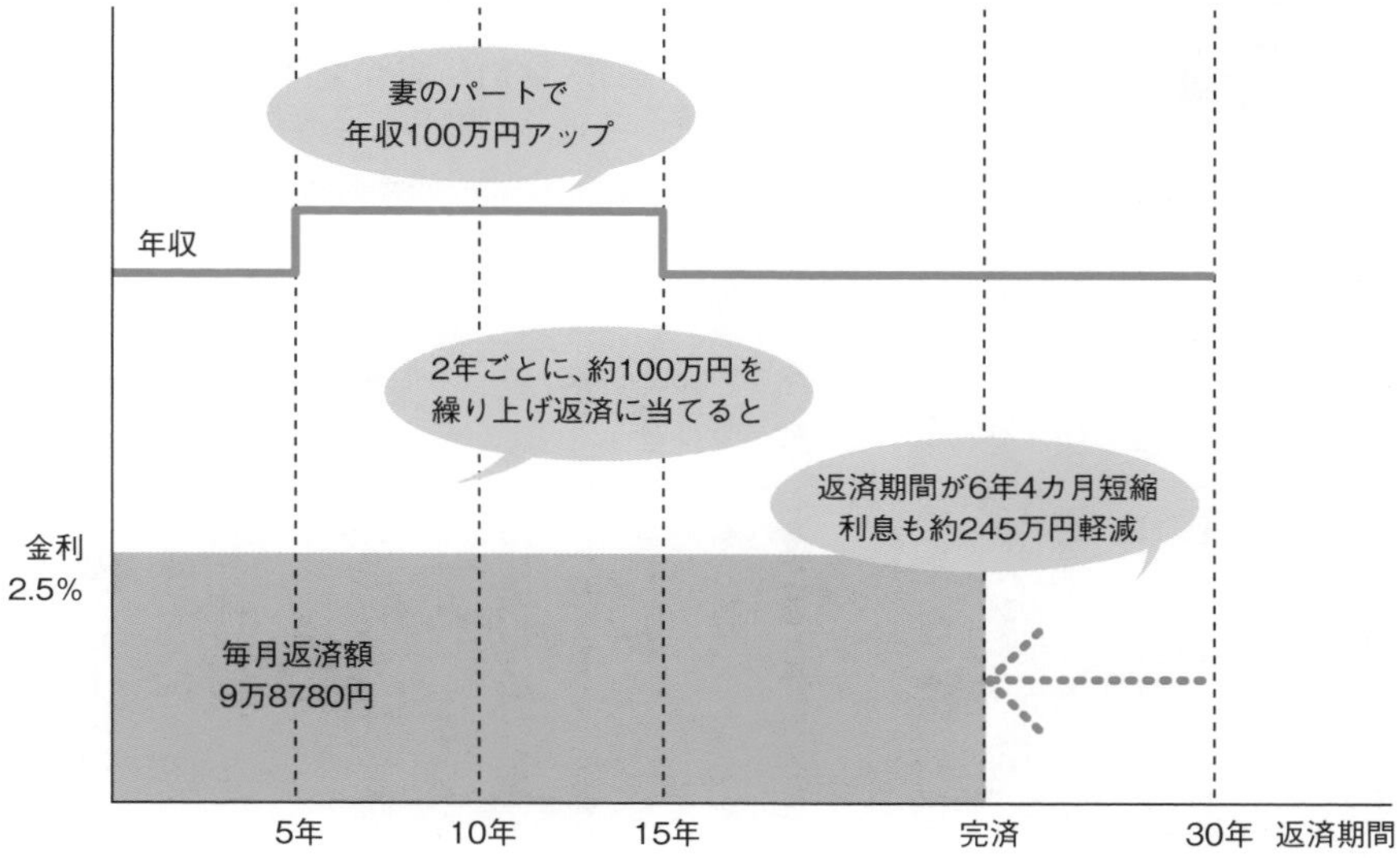

収入アップや支出ダウンでできた余裕資金をローン返済に活用する場合、毎回の返済額を増やして返済期間を短くする「条件変更」もあります。ただし、一度短くした返済期間を、後で延ばすのは難しいので、一時的な年収アップ・支出ダウンの場合は、繰り上げ返済を積極的にするのがいいでしょう。

QUESTION 53-7

タイプ別の借り方・返し方

TYPE 収入アップ or 支出ダウン

低金利を選んでもいい？

Q

金利がとても低いので
変動金利型や固定期間選択型のローンを
利用したくなります。将来、家計に余裕ができるなら
低金利のローンを使ってもいいでしょうか？

A

星子さん　全期間固定金利型のローンのほうが安心だとはわかっているのですが、金利が低い方が毎月の返済もラクになるし…。

西澤さん　たしかに、今は変動金利型の店頭表示金利は2％台半ば。さらに、金融機関が定めた条件をクリアすれば、引き下げにより1％を切っています。

星子さん　でも、将来の金利が上がったら、と考えると迷ってしまうんですよね。

西澤さん　将来、収入がアップ、または支出がダウンするなら、金利が上昇しても返済できる可能性があります。

星子さん　では思い切って、変動金利で借りてもいいですか？

西澤さん　収入アップや支出ダウンが何年後なのか、家計の余裕はどれくらいできるのかを明確にしておきましょう。そのうえで、金利上昇で返済額が増えた場合も返済していけるかどうかを、試算しておくといいですね。

また、元金均等返済なら変動金利でも残債がある程度計画的に減らせます。

ここがポイント！

Point 01　将来、家計にゆとりが出るなら、金利が上がって、返済額が増えても返済できる可能性がある。

Point 02　変動金利や短期の固定期間選択型の低金利のローンを借りるのもひとつの選択。

Point 03　家計にどれくらい余裕が出るのか、金利の上昇はどれくらいまで大丈夫かを試算してから借りること。

RULE: 変動金利型や短期の固定期間選択型を検討してみる

35歳で2500万円を借り、将来、収入が増える場合

ローンの条件　借入額：2500万円／返済期間：30年
返済方法：ボーナス返済無し、元利均等返済

5年後に共働きを開始して世帯年収を100万円増やす予定の場合

＜変動金利型（金利0.7%※）で借りると＞

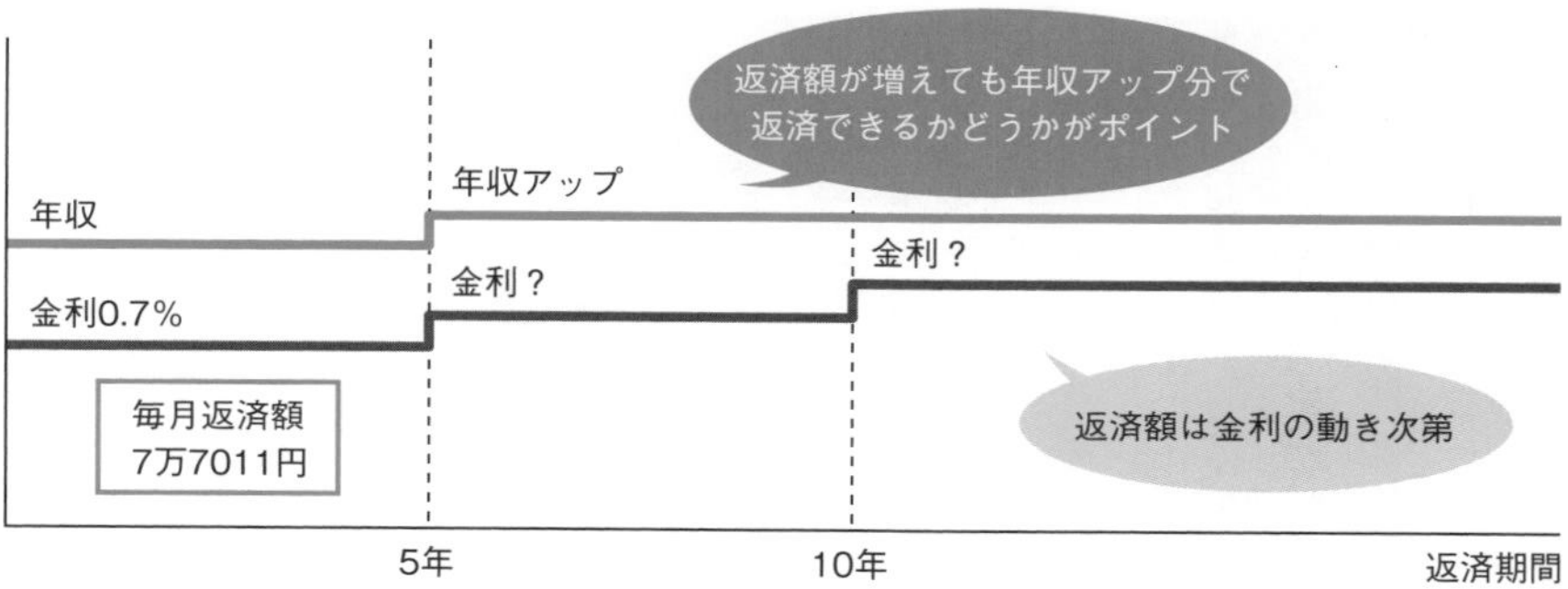

※ 店頭表示金利2.475%から1.775%引き下げられた金利で試算

TYPE 収入・支出に変動なし

どんな金利を選べばいい？

Q

今後、収入も支出も変化しない場合、
どんな資金計画がいいのでしょう？
どんな金利タイプなら安心ですか？

A

星子さん　収入も支出も、今のままずっと変わらない場合は、どんな資金計画がいいのでしょう？

西澤さん　全額を**全期間固定金利型**で借りると、返済額は完済まで変わりませんから、家計の余裕も一定になる安心感がありますね。何年後にいくらの元金が残っているかも明確です。

星子さん　そうですね。決まった金額を返済していけると気が楽かも。とはいえ、今は変動金利のほうが低金利なので、つい変動で借りてしまう人も多そうですね。

西澤さん　左頁のケースを見てみましょう。変動金利で借りると当初の返済額は少なくて済みます。でも、5年後からの返済額や残債が不透明。もしも、ローン返済額が増えると、生活に余裕がなくなる可能性があります。

星子さん　将来の金利はどう動くかわからないから怖いですね。

西澤さん　全額を全期間固定金利型にするか、たとえ変動金利と併用しても、全期間固定金利の割合を多くすれば、返済額は一定か動きが小さい分、安心でしょう。

ここがポイント！

Point 01　将来、収入も支出も変わらない場合は、住宅ローン返済額は一定なのが安心。

Point 02　全額を全期間固定金利型にすることで、返済額は完済まで明確。住宅費の変動リスクを抑えられる。

Point 03　当初の返済を少なくするため低金利の変動金利型を併用する場合、固定金利型の割合をできるだけ多く。

RULE: 全期間を固定金利型で返済する

全額を変動金利型で借りるvs 全額を全期間固定金利型で借りる

ローンの条件　借入額:2500万円／返済期間:30年／返済方法:ボーナス返済無し、元利均等返済

全額を**変動金利型**(引き下げ金利0.7%※)で借りると

※ 店頭表示金利2.475%から1.775%引き下げられた金利で試算

全額を**全期間固定金利型**(金利2.5%)で借りると

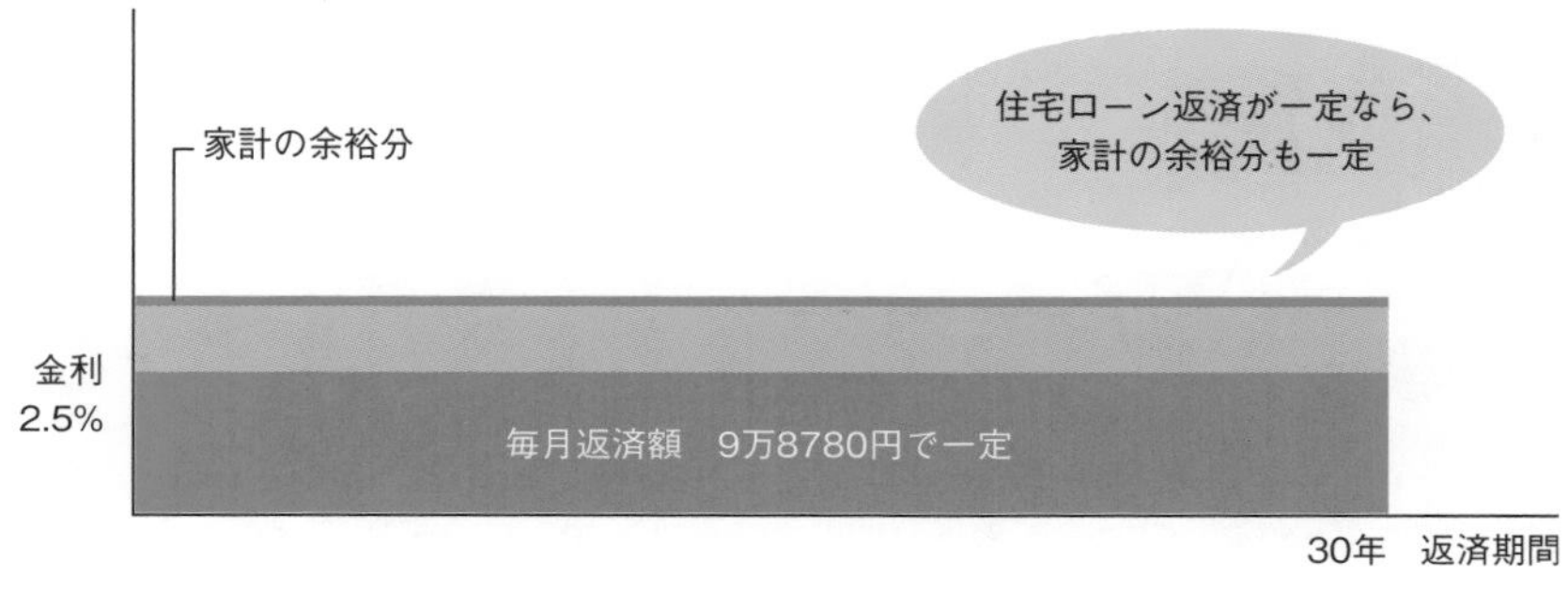

固定金利と変動金利を組み合わせて借りる場合も、固定金利部分での借入比率をできるだけ高くすることをおすすめします。

TYPE 収入・支出に変動なし

共働きを続けるなら？

Q

共働きをしていて
家計に余裕がある、という世帯には
どんな返済の仕方がありますか？

A

西澤さん　共働きをずっと続けるなら**収入合算**や**ペアローン**を検討してみてもいいですね。

星子さん　収入合算？

西澤さん　ローンを申し込む人の収入に、同居する配偶者や親などの収入を加えることができるんです。収入が増えると返していける金額が増えますよね。

星子さん　収入合算すると多く借りられるということですね。

西澤さん　借りる金額はそのままで返済期間を短くしてもいいでしょう。

星子さん　では、ペアローンは？

西澤さん　フラット35や財形住宅融資の収入合算の場合は、債務者は一人で、収入合算する人が連帯債務者になりますが、ペアローンは夫婦それぞれがローンの債務者になります。いずれにしても返済の責任を負うことになり、もし返済途中で共稼ぎをやめても、原則債務者を一人に変更はできません。また一方が返済の肩代わりをすると贈与税がかかる場合がありますから、夫婦で借りる場合は共稼ぎを続ける覚悟が必要です。

ここがポイント！

Point 01　収入合算やペアローンの場合、年間の返済額を増やせる。返済期間を短くするのがおすすめ。

Point 02　収入合算できるのは借りる人の配偶者か直系親族。その他の条件や合算できる金額は金融機関による。

Point 03　返済途中で、連帯債務者や債務者を簡単にはやめられない。収入合算やペアローンは慎重に検討を。

RULE: 収入合算して借りることを検討する

共働きを続けるので収入合算をした場合

ローンの条件　返済方法:ボーナス返済無し、元利均等返済
金利タイプ:全期間固定金利型

夫の年収500万円と妻の年収300万円を合算

＜借りられる金額が増える＞ 金利2.5%、返済期間30年、年間総返済額を年収の25%で試算

年収500万円で借りられる金額	約2636万円

↓

収入合算をして年収800万円で借りられる金額	約4218万円

＜返済期間を短くできる＞ 金利2.5%、借入額2500万円、年間総返済額を年収の25%で試算

年収500万円で設定できる返済期間	27年10ヶ月

↓

収入合算をして年収800万円で設定できる返済期間	15年1ヶ月

収入合算をして返済期間を短くすることで利息が少なくなります。早めに完済し、老後の生活資金を貯めるといいですね。なお、金融機関によって合算できる年収の額に制限がある場合がありますので、金融機関に確認しましょう。

TYPE 収入・支出に変動なし

老後の住まいのための借入は?

Q

両親が老後のために便利な場所に
住み替えたいと言っています。
高齢ですし、あと数年で定年退職ですが、
住宅ローンは利用できるんでしょうか？

A

西澤さん　自宅を担保に生活資金を借りて自宅に住み続け、亡くなったらその自宅を処分して借入金を返済するリバースモーゲージという融資制度があります。この仕組みをベースにした**リバースモーゲージ型住宅ローン**を取り扱う金融機関が増えてきました。ご両親もそれを検討してみるといいですね。

星子さん　普通の住宅ローンとは何が違うんですか?

西澤さん　取り扱う金融機関によって借入条件は異なりますが、おもに60歳以上の方を対象に住宅取得資金などを貸し出し、借りた人が生存中は利息のみの支払い、亡くなられた時に相続人が一括返済するか、担保となる不動産を売却して返済するというローンです。

星子さん　利息の支払いだけなら年金収入だけでも払えるかも。

西澤さん　一般的な住宅ローンとは違う条件がいくつかあります。このローンを取り扱う民間金融機関が住宅金融支援機構と提携して提供する**リ・バース60**について左頁にまとめましたので、確認してくださいね。

ここがポイント!

Point 01　おもに 60歳以上の方を対象にした住宅ローンとしてリバースモーゲージ型住宅ローンがある。

Point 02　借りた人が生存中は利息のみの支払い、亡くなった時に担保の不動産を売却するなどして返済する。

Point 03　住宅金融支援機構と提携している民間金融機関が提供するリ・バース60を検討してみるとよい。

RULE:毎月の支払いは利息のみ、年金収入でも利用可能なリ・バース60

返済のイメージ

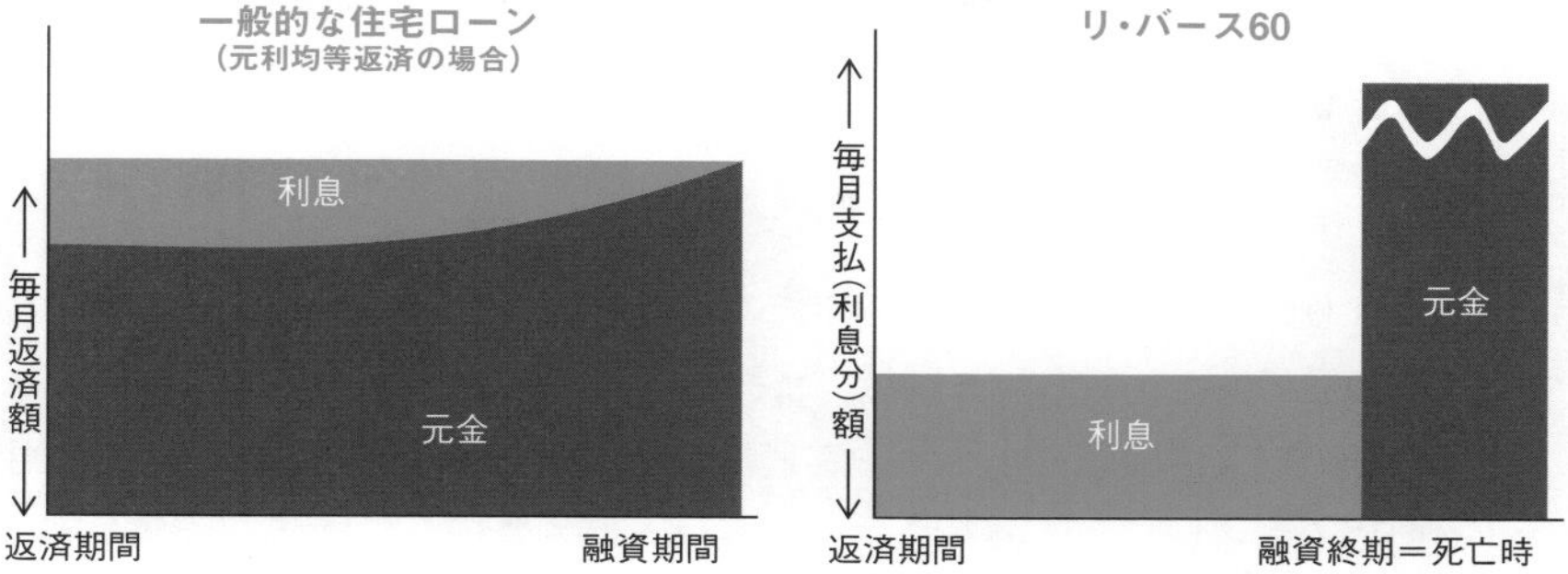

※ 変動金利の場合は金利が見直されると毎月返済額または支払額が変わる。

資金の使いみち	● 住宅の建設・購入(子世帯が建設・購入する場合も可) ● 住宅のリフォーム ● サービス付き高齢者向け住宅の入居一時金 ● 住宅ローンの借り換え等
リ・バース60の元金の返済	● 借りる人が亡くなった時に相続人が一括返済するか、担保となる不動産の売却により返済 ● 生存中に元金を繰り上げ返済で全額を返済したり、相続人が一括で返済した場合は不動産を売却する必要はない ● 売却による返済で元金が返済しきれない場合の返済条件に注意が必要

注目キーワード

【リ・バース60】

リ・バース60は、取り扱う金融機関によって借りる人の年齢、資金の使いみち、融資額、返済の方法などの借入条件や返済条件が異なる。また、利用できる不動産の所在エリアに制限がある、団体信用生命保険に加入できない、金利タイプが限られるなどの注意点もある。必ず金融機関に確認しよう。

COLUMN

ぴったりの返済方法は人それぞれ。いろいろ試算しながら選びましょう

第５章では、将来の家計収支の変化を３パターンに分けて、それぞれに合う資金計画の立て方をご紹介しました。でも、これはあくまでも目安。世帯によってぴったりの返済方法は違います。同じ年収や年齢でも、働ける年数、子どもの教育費にかかる費用、医療や介護、趣味にかかる費用などはバラバラ。そのため、住宅ローンの返済にあてられる金額や年数が違ってくるからです。

どんな返済方法を選べばいいのか、金融機関やファイナンシャル・プランナーに相談する前に、自分でもさまざまなパターンを考えてみましょう。

借り方・返し方を選ぶときに検討したいポイント

- 金利の高さ、低さ
- 変動金利型か、固定金利型か
- 金利の引き下げ期間や引き下げ幅
- 元利均等返済か、元金均等返済か
- 繰り上げ返済の手数料
- 保証料などの諸費用
- 返済期間
- 収入合算をするか、しないか
- 夫婦でそれぞれに借りるか、一人で借りるか

etc.

第6章

節税制度もチェック！

マイホームに関わる税金

家を取得すると、これまでには関わりのなかった税金とのつきあいが生まれます。納めるだけではなく、戻ってくる税金や節税できる税金もありますから、節税チャンスを逃さないためにもひととおりの知識を備えておくことをおすすめします。

QUESTION | 54

マイホームに関わる税金

住宅購入には どんな税金が関わるの？

Q

家を買ったり建てたりすると
いろいろな税金がかかりますよね？
どんな税金が関わってくるのか教えてください！

A

星子さん　２０１９年10月に、消費税が８％から10％になって数年が経ちましたね。住宅を買うときに消費税はいくらかかるのかしら。

菊地さん　消費税がかかる場合とかからない場合がありますよ。

星子さん　そうなんですか？

菊地さん　たとえば、中古住宅の個人間売買や土地の購入は、消費税が発生しない取引ですね。

星子さん　なるほど。ちなみに、消費税以外に住宅購入に関わる税金には、どんなものがありますか？

菊地さん　住宅の取得に関わる主な税金は、他に不動産売買契約書の「印紙税」、登記する際の「登録免許税」、取得の約1年後に発生する「不動産取得税」があります。

また贈与されたお金で住宅を購入する場合、年間１１０万円を超える贈与には贈与税がかかりますが、２０２６年末までに贈与すれば最高１０００万円まで住宅取得資金に係る贈与税が非課税になる特例があります。また、住宅ローン控除の期間が２０２５年末まで13年間に延長される制度もあるので、うまく使いましょう。

ここがポイント！

Point 01　家を購入したり、新築したりすることで、さまざまな税金が関わってくることを知っておこう。

Point 02　条件をクリアすることで軽減措置や控除を受けられる税金もある。

Point 03　控除を受けるためには申告が必要になってくる。詳しくは最寄りの税務署にたずねよう。

マイホームに関わるいろいろな税金

マイホーム購入時・保有時にかかる税金

家や土地を取得するときにかかる税金	登録免許税、印紙税、消費税、不動産取得税、贈与税
家や土地を保有しているとかかる税金	固定資産税・都市計画税

マイホーム購入時に税金が軽減・控除される制度

住宅ローン減税	住宅ローン減税はローンを利用して住宅を取得した場合に、10年間所得税・住民税から控除される制度(中古住宅の入居に適用)。2024年から2025年に新築住宅に入居した場合、「認定住宅」「ZEH水準省エネ住宅」「省エネ基準適合住宅」の区分に応じて、年末時点での借入残高の0.7%が13年間控除される。
認定住宅新築等特別控除	住宅ローンを利用せずに認定住宅・ZEH水準省エネ住宅を新築し、2025年度末までに入居した場合(合計所得金額2000万円以下)、認定基準に適合するために必要なかかり増し費用の額(最高650万円)×10%の金額を所得税から控除できる。
住宅取得資金贈与の非課税制度	親または祖父母から住宅取得資金援助を受けた場合、2024年1月から2026年12月までの贈与で、ZEH水準省エネ住宅の基準以上の住宅であれば最高1000万円が、その他の住宅であれば最高500万円が非課税となる(※1)。
相続時精算課税制度	将来の相続財産を生前に贈与された場合、2500万円まで贈与税がかからない。

住宅ローン減税の控除期間(※)

所得税・住民税を13年間控除

購入者の合計所得金額は2,000万以下、登記床面積が50㎡以上であることが条件であるが、2024年までに建築確認を受け、2025年12月までに入居する新築住宅であれば、購入者の合計所得金額が1000万円以下の場合に、床面積40㎡以上からが対象となる

※ 既存住宅を購入した場合は10年間控除

注目キーワード

【マイホームの税金】

税金の軽減措置や控除の制度などは、ずっと同じではない。税制改正や政府の政策などによって内容や期限が変更・延長されたり、新たな制度が新設されたりする。マイホームの取得を考え始めたら、最新の情報を確認するようにしたい。

QUESTION 55

マイホームに関わる税金

住宅ローン減税が大改正 住まいのお金は大丈夫？

Q

住宅ローン減税の内容が大幅に
見直されたそうですね。
住宅の購入に影響はありますか？

A

菊地さん　２０２２年の税制改正で、住宅ローン減税の控除率が1％から0.7％に引き下げられましたね。

星子さん　どうしてですか？

菊地さん　現在の住宅ローンの金利はとても低い水準です。このような低金利でローンを組むと、場合によっては実際に支払う金利額を減税の控除額が上回ってしまう「逆ザヤ」と呼ばれる現象が発生してしまいます。この問題を是正するために、前回の改正で控除率が引き下げられたのです。

星子さん　じゃあ、住宅ローン減税の控除額は少なくなってしまうんですね…。

菊地さん　そうとも限りません。住宅購入者の収入や借入金額などの要件を考えると、影響を受けない人の方が多いと思います。逆に、控除期間が13年間に延長されたり、この制度の期限が２０２５年まで延長されたりしました。また、長期優良住宅などの質の高い住宅は、ローン残高の控除限度額が最大５０００万円に引き上げられるなど、有利な改正も含まれます。

ここがポイント！

Point 01　住宅ローン減税は、入居した年によって対象となる年末ローン残高の上限が違っている。

Point 02　住宅ローン減税の対象となる年末ローン残高の上限が5000万円に拡大された（※1）。

Point 03　年末ローン残高の上限による控除額の差は、借入額、所得税額共に高額な場合に出る。

※1 2025年に認定住宅に入居した、子育て特例対象個人の場合

住宅ローン減税の控除枠

控除率＝0.7%		入居年	2024年	2025年
借入限度額	新築住宅・買取再販	長期優良住宅・低炭素住宅	4500万円（5000万円[※2]）	4500万円
		ZEH水準省エネ住宅	3500万円（4500万円[※2]）	3500万円
		省エネ基準適合住宅	3000万円（4000万円[※ 2]）	3000万円
		その他の住宅	0円（※3）	
	既存住宅（※2）	長期優良住宅・低炭素住宅・ZEH水準省エネ住宅・省エネ基準適合住宅	3000万円	
		その他の住宅	2000万円	
控除期間		新築住宅・買取再販	13年（「その他の住宅」で2024年以降に入居した場合は10年）	
		既存住宅	10年	
所得要件			2000万円以下	
登記床面積要件			50㎡（所得要件1000万円以下で2024年までに建築確認を行った新築の場合は40㎡）	

※2 子育て特例対象個人（①40歳未満で配偶者がいる②40歳以上で40歳未満の配偶者がいる③19歳未満の扶養家族がいるのいずれかを満たす人）の場合
※3 1982年1月1日以降に新築された新耐震基準に適合する住宅等

年末ローン残高 ≧ **年末ローン残高上限** が13年間（※4）かつ
所得税 ≧ **控除額（※5）** が13年間（※4）

※4 既存住宅の場合は10年間
※5 所得税の方が少ない場合は、住民税から最大9万7500円を控除

サラリーマンの方の場合、
最初の年だけ確定申告をすれば、
2年目以降は年末調整で
控除されます

注目キーワード

【住宅ローン減税の対象額】

住宅ローン減税の控除額は年末ローン残高か、物件価格のいずれか低いほうの金額に控除率をかけたものになる。諸費用分を含む借り入れなどで、借入額が物件価格を上回る場合は、上回った借り入れ分については、住宅ローン減税は適用されない。

QUESTION 56

マイホームに関わる税金

リフォームした場合にも税額控除はあるの？

Q

中古住宅を購入してリフォームのためのローンを組もうと思っているのですが、受けられる控除はありますか？

A

星子さん　新築住宅を購入するのも良いですが、中古住宅を購入してリフォームするのも良いかなと思っています。リフォームする場合でも何か特例はありますか？

菊地さん　住宅をリフォームする場合、ローンを組んだ人にはローン型リフォーム減税、ローンを組まずに自己資金を出した人には投資型リフォーム減税があります。

　最近は新築住宅が高いので、中古住宅を購入してリフォームする人が増えています。この制度が使えるとよいですね。

星子さん　ぜひ利用したいです！実際どれくらい税額が控除されるのですか。

菊地さん　ローン型の場合、ローン年末残高（最高2千万円）の0.7％の金額が10年間控除されます。

投資型控除の場合には①必須工事にかかる費用の額の10％と②その他工事に要した金額の5％の合計額となります。

　必須工事も何種類かあり、工事の種類によって控除額が異なるので注意が必要です。詳しい要件は次のページを確認してくださいね。

ここがポイント！

Point 01　確定申告時にそれぞれ必要な工事証明書の添付が必要となるため、工事会社に発行を依頼しなければならない。

Point 02　ローン型控除は 10年間控除できるが、投資型控除の場合には 1年間のみの控除である。

Point 03　耐震・バリアフリー・省エネ工事等を組み合わせた改修工事の場合、他の改修工事に係る税額控除を併用できる場合もある。

ローン型リフォーム減税と投資型リフォーム減税の内容を確認しよう

ローン型リフォーム減税

ローン型リフォーム減税の控除額は、ローン年末残高(最高2,000万円)×0.7%で最大14万円まで。返済期間10年以上のローンのうち、100万円超の増改築費用のものが対象で、控除期間は10年。増改築等工事証明書の提出が必要。控除要件は次の通り。

対象工事	一定の増改築工事　注:対象工事の詳細は国税庁のホームページ等を参照。
居住要件	①増改築後6カ月以内に居住すること ②適用各年の12月31 日まで引き続き居住していること
住宅要件	①増改築後の登記床面積が50㎡以上 ②床面積の1/2以上が居住の用に供されること ③居住用部分の工事費が全体工事の1/2以上であること ④住宅を2以上所有する場合には、主として居住している1つの住宅に対する改修工事であること
人的要件	①適用を受ける各年の合計所得金額が2,000万円以下であること ②居住した年とその前2年とその後3年の計6年の間に居住用3,000万円控除の特例を受けていないこと
適用期限	2025年12月末までに居住すること

投資型リフォーム減税

控除額は①必須工事に係る標準的な費用の額(補助金除く)×10%と②その他工事に要した金額(※1)×5%の合計額。控除額上限と要件は次の通り。

種別	対象となる必須工事※2	要件	必須工事の標準的な費用の上限額	最大控除額(必須工事のその他の工事の合計)
耐震	耐震改修工事	※3	250万円	62.5万円
バリアフリー	バリアフリー改修工事	※4	200万円	60万円
省エネ	一般省エネ改修工事		250万円(350万円)※5	62.5万円 (67.5万円) ※5
多世帯同居	多世帯同居改修工事		250万円	62.5万円
長期優良住宅化	耐震又は省エネ+耐久性向上		250万円(350万円)※5	62.5万円 (67.5万円) ※5
	耐震+省エネ+耐久性向上		500万円(600万円)※5	75万円 (80万円) ※5
子育て	子育て対応改修工事	※6	250万円	62.5万円

※1 必須工事に係る標準的な費用の額が限度。 最大工事限度額は必須工事とあわせて1,000万円まで ｜※2 対象工事の詳細は国税庁のホームページ等を参照 ｜※3 1981年5月31日以前に建築された家屋で、改修後に新耐震基準に適合するリフォームであり、かつ2025年12月末までに改修工事が完了すること ｜※4 ①～⑦の条件をすべて満たす工事①改修工事にかかる標準的な費用の額が50万円を超えること②増改築後の登記床面積が50㎡以上③床面積の1/2以上が居住の用に供されること④居住用部分の工事費が全体工事の1/2以上であること⑤増改築後6カ月以内に居住すること⑥適用を受ける各年の合計所得金額が2,000万円以下であること⑦2025年12月末までに居住すること ｜※5 カッコ内の金額は太陽光発電設備を含む場合の金額 ｜※6 子育て対応工事は子育て特例対象個人(157頁参照)が2024年4月1日から12月31日までに居住すること

注目キーワード

【必須工事に係る標準的な費用の額】

投資型リフォーム減税の控除額計算には、必須工事に係る標準的な費用の額が必要となる。これは実際に支払った費用の額ではなく、国土交通省が単位当たりの金額を定めたもので、その金額に面積(㎡)や工事の箇所数を乗じることで算出される金額となっている。

QUESTION 57

マイホームに関わる税金

登録免許税って何？

Q

登録免許税って、普段あまり耳にしないので
どんな税金なのかわかりません。
マイホーム取得のどんなことに
関わってくるのですか？

A

菊地さん　家を買ったり建てたりしたときは、土地や建物の所有権を明らかにしておくために**所有権移転登記**（売買）や**所有権保存登記**（新築）をします。そのときにかかるのが**登録免許税**です。

星子さん　その土地や建物が自分のものだと明らかにするんですね。

菊地さん　はい。その他、ローンを利用すると**抵当権（担保権）の設定登記**も行いますから、これにも登録免許税がかかります。

星子さん　登録免許税は家を買ったり建てたりすると、必ず関わってくる税金なんですね。でも、登記ってしたことがないし、いろいろ手続きが大変そう…。

菊地さん　登記をするときは、司法書士や土地家屋調査士といった専門家に手続きを代行してもらうのが一般的です。

星子さん　自分で探さなくてはいけないんですか？

菊地さん　銀行やハウスメーカーが紹介してくれるから心配いりませんよ。ただし、依頼した場合は手数料や報酬がかかるので、その準備はしておきましょう。

ここがポイント！

Point 01　土地や建物への権利を明らかにする所有権移転登記や保存登記にかかるのが登録免許税。

Point 02　ローンを利用したときは、抵当権設定登記も行い、そのための登録免許税もかかる。

Point 03　手続きは司法書士などに代行してもらい、登録免許税も登記申請時に代行納付をしてもらう。

マイホームに関わる登記の種類と登録免許税を知っておこう

登記の種類

<建物の表題登記>

建物の所在地番、構造、床面積などを特定する。資料は土地家屋調査士が作成。

<所有権移転登記>

売主から買主へ所有権を移転させる登記。

<所有権保存登記>

登記簿の「所有権に関する事項」の欄に最初に記載される所有権の登記。新築した日付、所有者の住所、氏名などが記載される。

<抵当権設定登記>

住宅ローンを組むとその住宅が担保になり、返済がされなくなった場合にその担保から弁済を受ける権利（抵当権）が発生する。この権利を明らかにする登記のこと。

登録免許税の課税標準と税率(原則)

登記の種類	課税標準	税率
建物の表題登記	—（非課税）	—（非課税）
所有権の保存登記	法務局の認定価格	4/1000
購入などによる移転登記	固定資産税評価額	<建物>20/1000 <土地>15/1000(2026年3月31日まで) 20/1000(2026年4月1日以降)
相続による移転登記	固定資産税評価額	4/1000
遺贈・贈与などによる移転登記	固定資産税評価額	20/1000
抵当権の設定登記	債権金額	4/1000

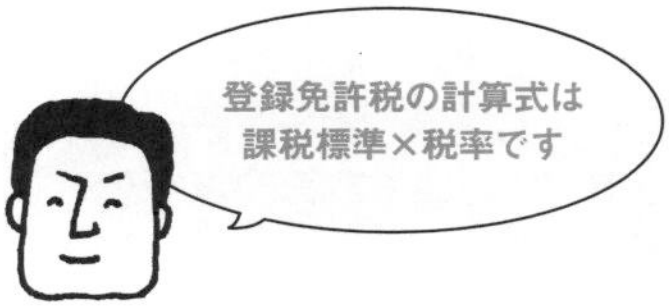

注目キーワード

【司法書士への報酬】

登記の申請は司法書士に手続きを依頼するのが一般的。その際に支払う報酬額は司法書士によって違うが、４万～６万円程度が目安。この報酬額以外にも調査費用や日当、交通費などが加算され10万円程度になることもある。

QUESTION 58

マイホームに関わる税金

登録免許税は軽減される？

Q

マイホームに関わる税金は
一定の条件を満たすと
軽減されて税額が少なくなりますよね。
登録免許税にも軽減はありますか？

A

星子さん　家を取得するときって、いろいろなお金がかかるから、税金も軽減されるといいのですが。

菊地さん　**登録免許税**には一定の要件を満たしたマイホームの税率が軽減される特例があります。

星子さん　どの登記にも**軽減措置**があるんですか？

菊地さん　一定の要件を満たす建物については、軽減措置があります。具体的には**所有権保存登記**、購入による**所有権移転登記**、**抵当権設定登記**です。

星子さん　どのくらい軽減されるのですか？

菊地さん　抵当権設定登記では、２５００万円のローンを組んだ場合、原則の税額は「債権金額×１０００分の４」ですから10万円です。しかし、一定の要件を満たす場合は、抵当権設定登記の税率は１０００分の１になるので、２万５０００円に軽減されます。

星子さん　２５００万円の借り入れなら７万５０００円も少なくなるんですね！

菊地さん　適用のための条件など、左頁を参考にしてくださいね。

ここがポイント！

Point 01　マイホームに関する登録免許税は、建物についてのみ軽減措置がある。ただし、2027年3月31日の取得まで。

Point 02　軽減措置があるのは所有権保存登記、購入などによる移転登記、抵当権設定登記。

Point 03　軽減を受けるためには、その建物が適用を受けられることを証明する「住宅用家屋証明書」が必要。

登録免許税の軽減措置について知っておこう

登録免許税が軽減されるマイホームの特例の要件

①新築住宅の保存登記

- 新築または取得後1年以内に登記されたもの
- 登記簿上の床面積（マンションの場合は専有面積）が50㎡以上

②購入資金のための抵当権設定登記

- 建物が新築住宅の保存登記の軽減、または中古住宅の移転登記の軽減の条件を満たしていること

③中古住宅の移転登記

- 取得後1年以内に登記されたもの
- 登記簿上の床面積（マンションの場合は専有面積）が50㎡以上
- 新耐震基準に適合する住宅（1982年1月1日以降に建築された住宅）であること

④長期優良住宅等の軽減

- 所有権の保存登記が軽減されるのは、2027年3月31日までの間に取得する認定長期優良住宅または認定低炭素住宅

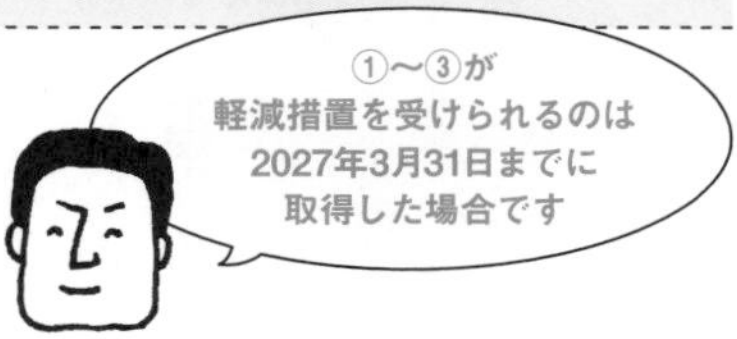

登録免許税が軽減されるマイホームの特例の要件

	本則の税率		軽減後の税率（※）
建物所有権の保存登記	税率 4/1000	→	税率 1.5/1000（1/1000）
購入などによる建物移転登記	税率 20/1000	→	税率 3/1000（共同住宅1/1000、戸建住宅2/1000）
抵当権の設定登記	税率 4/1000	→	税率 1/1000

※（　　）内は2027年3月31日までに取得した認定長期優良住宅等の場合

注目キーワード

【軽減を受けられる中古住宅】

2022年4月1日から中古住宅の移転登記における登録免許税の軽減対象の要件から「築年数」が廃止され「登記簿の建築日付が1982年1月1日以降の新耐震基準に適合する住宅であること」に変更された。

QUESTION 59

マイホームに関わる税金

不動産取得税って何？

Q

マイホームを手に入れたら
まず準備しておかなくてはいけない税金には
何がありますか？
いつごろ納めることになるかも教えてください！

A

菊地さん　家や土地を取得するとかかるのが**不動産取得税**です。取得したときに一度だけかかります。

星子さん　家や土地をもらった場合もかかるんですか？

菊地さん　はい。購入や新築、贈与、交換、その他増築で建物が大きくなったとき等にもかかります。

星子さん　なるほど。家を取得した直後に納税しなくちゃいけないんですか？　引っ越し費用とかいろいろかかる時期だから大変…。

菊地さん　不動産を取得してから、半年から1年半くらいの間に、不動産所在地の都道府県から納税通知書が送られてきます。

星子さん　よかった。ではそれまでに用意しておけばいいんですね。

菊地さん　不動産取得税の原則的な計算は左頁にありますが、新築住宅の場合や、中古住宅でも1982年1月1日以降の建築なら軽減措置があるんですよ。

星子さん　不動産取得税も税額が少なくなるんですね！

菊地さん　はい、そうです。軽減措置についてくわしくは、166頁を見てくださいね。

ここがポイント！

Point 01　住宅や土地を購入、新築、増築・改築、贈与、交換等で取得すると不動産取得税がかかる。

Point 02　取得後、半年から1年半程度で納税通知書が郵送されてくる。納税の期限も記載されている。

Point 03　不動産取得税は不動産の所在地の都道府県税事務所の窓口、金融機関で納税する。

不動産取得税はどうやって計算されるの？

不動産取得税の原則的な計算式

固定資産税評価額 × 税率(※1) ＝ 不動産取得税額

※1 税率は原則４％。土地および住宅は3％(2027年3月31日まで)

宅地の場合には特例がある

固定資産税評価額 × 1/2(※2) × 3％ ＝ 不動産取得税額

※2 宅地は固定資産税評価額を1/2で計算(2027年3月31日まで)

原則、取得の日から60日以内に
都道府県税事務所に対して
「不動産取得税課税標準の特例適用申告書」を
提出することになっています(※3)。

※3　実際には、多くの自治体で納付書が送付されてから手続きをしても特例が受けられたり、自治体が特例に該当すると判断して軽減してくれる場合も多い

注目キーワード

【不動産取得税が非課税のケース】

不動産取得税は非課税になるケースがある。その中のひとつが「相続」による取得。ただし、「相続時精算課税制度」で贈与を受けた場合や、死亡を条件に贈与を約束していた「死因贈与」の場合は課税対象。詳細を知りたい場合は都道府県税事務所で確認を。

不動産取得税は軽減される？

Q

家や土地を取得したときにかかる不動産取得税。
一定の要件を満たせば、
軽減措置を受けられると聞きました。
軽減について教えてください。

A

菊地さん　**不動産取得税が軽減**されるための主な要件や、税額の計算の仕方を左頁にまとめてあるので、まずはそちらを参考にしてくださいね。

星子さん　はい。軽減を受けるためにはどうしたらいいですか？

菊地さん　本来は不動産を取得してから60日以内に都道府県税事務所に申告書を提出することになっているのですが、実際は、軽減を適用した後の納税通知書が送付されてきたり、納税通知書が届いてからの申告が認められたり、ということが多いようです。

星子さん　では、納税通知書が届くのを待っていてもいいんですね。

菊地さん　**不動産取得税**は地方税なので、都道府県によって対応がいろいろです。家や土地を取得したときに、不動産会社やハウスメーカー、都道府県税事務所に確認しておきましょう。

星子さん　それが安心ですね。

菊地さん　それに、土地を先に購入して新築をする場合は、申告が必要になる場合があります。早めに確認しましょうね。

ここがポイント！

Point 01　新築住宅は課税標準になる固定資産税評価額から1200万円が控除される。

Point 02　中古住宅の控除額は建物の建築日によって違ってくる。詳しくは各都道府県税事務所に確認しよう。

Point 03　土地を先に購入して家を新築した場合は、申告が必要になる場合があるので、早めに確認しておこう。

不動産取得税の軽減措置について知っておこう

新築の建物の不動産取得税の軽減

固定資産税評価額－1200万円 × 3% ＝ 軽減された不動産取得税額

＜軽減の要件＞

- 住宅（マイホーム、セカンドハウス、賃貸用住宅）であること
- 課税床面積50㎡以上240㎡以下（一戸建て以外の賃貸住宅は1戸当たり 40㎡以上240㎡以下）
- 長期優良住宅は控除額が1300万円（2026年3月31日まで）

中古の建物の不動産取得税の軽減

固定資産税評価額－控除額（※1） × 3% ＝ 軽減された不動産取得税額

- 控除額の例（東京都の場合）

※1 控除額は都道府県によって違う

建築日　1997年4月1日以降　1200万円　　1997年3月31日以前　1000万円
　　　　1989年3 月31日以前　450万円　　1985年6月30日以前は各都道府県税事務所に確認する

＜軽減の要件＞

- マイホームまたはセカンドハウス（賃貸用住宅は対象外）
- 課税床面積50㎡以上240㎡以下
- 新耐震基準に適合する住宅（1982年1月1日以降に建築された住宅）

上記建物の要件を満たしている土地の不動産取得税の軽減

固定資産税評価額×1/2×3% － 控除額（※2） ＝ 軽減された不動産取得税額

※2 控除額はaまたはbのどちらか多いほう（a 4万5000円、b 土地1㎡当たりの固定資産税評価額×1/2×（家屋の課税床面積×2[200㎡限度]）×3%）

＜軽減の要件＞

- 建物が軽減の要件を満たすこと
- 土地先行取得の場合には、土地取得から3年以内（※3）に建物を新築すること（中古は1年以内に建物を取得）
- 建物先行取得の場合には、住宅を新築または取得後1年以内にその敷地を取得すること

※3 2026年3月31日までの特例

注目キーワード

【軽減の申告に必要な書類】

軽減を受けるためには、不動産取得税特例適用申告書と必要書類を土地や建物を所管する都道府県税事務所に提出する。必要な書類は、土地や建物の売買契約書、領収証、全部事項証明書（土地・建物）など。家づくりに関わる書類はきちんと保管しておこう。

QUESTION 61

固定資産税・都市計画税って何？

Q

家を持つと、固定資産税や都市計画税を納税することになりますよね？税額や納税方法について教えてください。

A

菊地さん　家や土地などの不動産を所有していると、関わってくるのが**固定資産税**と**都市計画税**です。

星子さん　毎年納税するんですね。

菊地さん　そうです。毎年1月1日時点での所有者に課税されるんですよ。毎年春頃に市区町村から納税通知書が送られてくるので、そこに記載されている期日までに納めることになります。

星子さん　一括払いですか？

菊地さん　一括でもいいですし、年4回の分割でもOKです。

星子さん　中古住宅や土地を買ったときは、1月1日時点での所有者（売主）に納税通知書が送られるんですよね？　購入した日以降の固定資産税はどうなるのですか？

菊地さん　たとえば、星子さんがAさんから中古マンションを買って、6月1日に引き渡しだったとしましょう。その年の1月1日時点ではAさんの所有ですから、納税義務者はAさんです。そのため納税はAさんがしますが、引き渡し日以降の分は買主が負担するように、引き渡し時点で精算するのが一般的ですね。

ここがポイント！

- Point 01　家や土地などの不動産を所有している限り、固定資産税・都市計画税が毎年かかってくる。
- Point 02　納税通知書は春頃に郵送されてくるので、一括、または年4回の分割で納税する。
- Point 03　中古や土地購入では納税者は1月1日時点の所有者だが、引き渡し日以降分は買主が負担するよう精算。

固定資産税と都市計画税はどうやって計算されるの？

固定資産税の税額

課税標準（※1） × 1.4％（標準税率※2） ＝ 固定資産税額

※1 固定資産税課税台帳に登録されている価額。負担調整の特例で調整されている場合がある
※2 各市町村が決定する

都市計画税の税額

課税標準（※3） × 0.3％（制限税率※4） ＝ 都市計画税額

※3 固定資産税課税台帳に登録されている価額
※4 上限の税率の範囲で各市町村が決定する

地域や土地によって固定資産税の負担に格差が出るのを解消するため、1997年から「負担調整」という措置が導入されています。負担が大きな地域は税負担を抑え、負担が小さい地域は税負担を段階的に上げていく措置です。納税通知書には負担調整された税額が記載されています。

注目キーワード

【税額の納期】

固定資産税・都市計画税の納税通知書は、納期前に送られてくる。納期は市町村によって異なる場合があるが、4月、7月、12月、翌年2月の4期が一般的。なお、課税標準が土地30万円、家屋20万円未満の場合には、固定資産税は課税されない。

QUESTION 62

マイホームに関わる税金

固定資産税・都市計画税は軽減される？

Q

毎年納める税金だから
固定資産税や都市計画税にも
軽減措置があるそうですね！
どれくらい軽減があるか教えてください。

A

星子さん　**固定資産税・都市計画税**も、**軽減措置**があるそうですね。

菊地さん　固定資産税は住宅とその敷地に、都市計画税は住宅用地に対しての軽減措置があります。

星子さん　どれくらいの軽減があるのですか？

菊地さん　詳しくは左頁にまとめてあります。固定資産税の場合、建物については3階建て以上のマンションなどであれば、新築後5年間は固定資産税額が120㎡の部分まで2分の1になります。

星子さん　建物の税額が2分の1というのはうれしいですね！

菊地さん　土地については200㎡までの課税標準が6分の1になります。都市計画税は、土地200㎡までの課税標準が3分の1になります。

星子さん　税額の軽減を受けるためには、どんな手続きが必要になりますか？

菊地さん　固定資産税と都市計画税の場合、納税者は申請などの必要はないんですよ。その不動産のある市区町村から、軽減された税額で納税通知書が届きます。

ここがポイント！

Point 01　固定資産税には住宅と、住宅が建っている土地に対しての軽減措置がある。

Point 02　都市計画税は住宅が建っている土地に対してのみ軽減措置がある。建物に対する軽減措置はない。

Point 03　軽減後の税額で納税通知書が届くため、納税者が申請などを行う必要はない。

固定資産税と都市計画税の軽減措置について知っておこう

固定資産税の軽減

＜新築住宅＞

3階建て以上の耐火・準耐火構造の住宅	新築後**5**年間、固定資産税が**1/2**（※1） 認定長期優良住宅は新築後**7**年間（※2）
上記以外の住宅	新築後**3**年間、固定資産税が**1/2**（※1） 認定長期優良住宅は新築後**5**年間（※2）

※1 課税床面積が120㎡までの部分について軽減。
適用になる住宅は、居住用（マイホーム、セカンドハウス、賃貸用住宅）で1戸あたり課税床面積が50㎡（賃貸の場合は40㎡）以上280㎡以下。店舗や事務所兼住宅の場合は居住用部分が1/2以上（2026年3月31日までに新築された場合）
※2 認定長期優良住宅については取得後延滞なく市区町村・都税事務所へ届出が必要。

＜新築住宅の土地＞

- 住宅1戸につき土地面積が200㎡までは課税標準×1/6
- 住宅1戸につき土地面積が200㎡を超える場合は、建物の課税床面積の10倍までは課税標準×1/3

都市計画税の軽減

＜住宅用の土地＞

- 住宅1戸につき土地面積が200㎡までは課税標準（固定資産税評価額）×1/3
- 住宅1戸につき土地面積が200㎡を超える場合は課税標準（固定資産税評価額）×2/3

※ 都市計画税には新築住宅の特例はない

市区町村によっては、これらの特例に加えてさらに軽減・減額措置があるところも。詳しい適用条件などを知りたい場合は、不動産の所在地の市区町村に問い合わせてくださいね。

注目キーワード

【固定資産税の負担調整措置】

負担調整措置とは、土地の評価額が急激に上昇した場合でも、固定資産税・都市計画税の上昇は緩やかになるよう、課税標準額を本来の額に近づけていく措置。具体的には負担水準を算出し、負担水準が高い土地は税額を引き下げ、低い土地は税額を引き上げることになる。

QUESTION 63

マイホームに関わる税金

ローンを借りたら税金が戻るの？

Q

住宅ローンを利用してマイホームを購入したら
所得税が戻ってくる制度があるそうですね。
どんな制度で、
税金はどれくらい戻ってくるのでしょう？

A

菊地さん　返済期間10年以上のローンを利用して家を取得した場合、入居の年から13年間、**年末ローン残高**に応じて計算した金額を所得税や住民税から控除できる制度があります。「**住宅ローン減税**」とか「**住宅ローン控除**」と言われていますね。

星子さん　いくらくらいの控除になるんですか？

菊地さん　２０２２年の入居から控除率は0.7％なので、年末にローン残高が２０００万円あったら、その年の所得税から14万円が控除されます。控除しきれなかった分は、翌年分の住民税から最大９万７５００円が控除されます。

星子さん　税金が「戻る」とよく言われるのはなぜですか？

菊地さん　サラリーマンの方は、毎月、所得税を給与天引きで納税しているため、納めすぎた分が年末調整で戻ってくるからです。

星子さん　自営業や個人事業主の場合はどうですか？

菊地さん　**確定申告**のときに住宅ローン控除も申告し、納める所得税が減ることになります。

ここがポイント！

Point 01　返済期間10年以上のローンを利用して住宅を取得すると、所得税から一定割合が控除される。

Point 02　年末ローン残高（上限2000万円から5000万円）の0.7％が13年間控除される。

Point 03　所得税額が住宅ローン減税の控除額より少ない場合、住民税から最大9万7500円控除される。

13年（10年）間所得税が控除される「住宅ローン減税」の仕組み（※1）

※1 2025年12月までの入居が対象

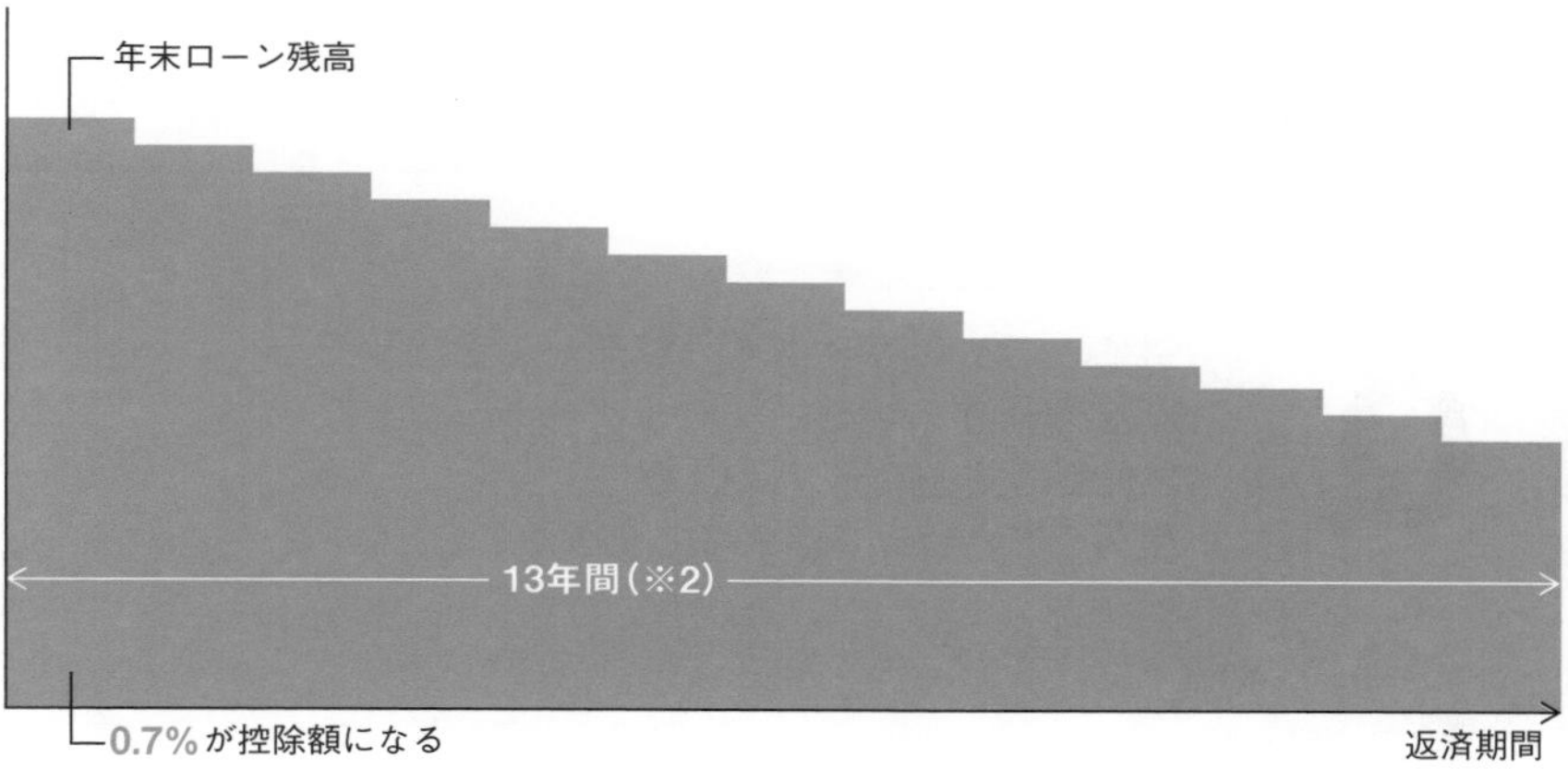

その年の所得税 － 控除額 ＝ 戻ってくる所得税額

所得税額が控除額よりも
少ない場合は、住民税からの控除
（最大9万7500円）がある

※2 2024年1月から、2025年12月末までに入居する場合
13年間年末ローン残高の0.7%が控除される

控除を受けるには、その年の合計所得金額が2000万円以下（給与所得の場合は総支給額2195万円以下）などの要件があります。また、要件を満たしたリフォームも住宅ローン減税の対象になります。詳しくは、税務署へ問い合わせを。

認定長期優良住宅、認定低炭素住宅、ZEH水準省エネ住宅を新築等した場合は、2025年12月31日までに入居すれば、合計所得金額が2000万円以下だと、ローンを組まなくても住宅ローン控除に代えて、「認定住宅新築等特別税額控除」として一定額の税額控除（入居年のみ最大65万円）を適用することができる。

注目キーワード

【住民税からの控除】

以前は所得税額から控除しきれなかった分を、翌年の住民税から控除してもらうために申請が必要だったが、現在は確定申告で住宅ローン減税の申告を行っていれば、申請の手続きは不要。

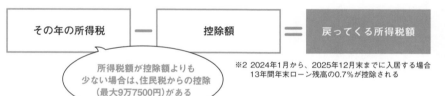

QUESTION 64

マイホームに関わる税金

夫婦で住宅ローン減税は受けられる？

Q

共働きの夫婦がそれぞれにローンを借りて
家を取得する場合、
2人とも住宅ローン減税を
受けることはできるのでしょうか？

A

菊地さん　共働きで、妻も夫も所得税を納めている場合、住宅ローンをそれぞれが借りて、**住宅ローン減税**を受けることができます。

星子さん　妻の所得税も、夫の所得税も、どちらも控除されるということですね。

菊地さん　そうです。

星子さん　夫が1人で住宅ローンを借りて住宅ローン減税を受ける場合と、夫婦でそれぞれに住宅ローン減税を受ける場合、どちらがトクになるのでしょうか？

菊地さん　ケースバイケースですね。夫が1人で借りた場合に、所得税と住民税の合計が控除額より少なく、引ききれない場合は、妻と2人でローンを組みダブルでローン減税を受けたほうが控除額の合計が多くなります。

星子さん　どちらがトクか考えてから決めようかな。

菊地さん　注意したいのは2人でローンを組んで、どちらかが返済途中で仕事を辞めた場合。たとえば、妻の借りたローンを夫が返済すると贈与とみなされて贈与税の課税対象となる恐れがあります。

ここがポイント！

Point 01　2人それぞれに借りたり、1本のローンでも連帯債務になれば住宅ローン減税をダブルで受けられる。

Point 02　1人で借りる場合と2人で借りる場合、住宅ローン減税でどちらがトクになるかはケースバイケース。

Point 03　どちらかが仕事を辞め、働いている方が2人分の返済すると、夫婦間でも贈与税の対象になることがある。

住宅ローン減税を夫婦で受けると、控除される税金はいくらになる？

※ 控除率は0.7%

CASE 1

夫が1人でローンを組み、住宅ローン減税も1人で受ける

入居した年の年末ローン残高が4000万円の場合、控除額は最大**28**万円

↓

実際の控除額は？

控除額が全額戻ってこないことも

夫の所得税額が**28**万の場合	所得税から**28**万円が控除される
20万の場合	所得税から20万円、住民税から8万円が控除されて 合計控除額は**28**万円
14万の場合	所得税から14万円、住民税から9万7500円が控除されて 合計控除額は**23**万**7500**円

CASE 2

夫婦がそれぞれローンを組み、住宅ローン減税もそれぞれに受ける

入居した年の年末ローン残高が2000万円ずつの場合、控除額は最大14万円ずつで、合計で最大**28**万円

↓

実際の控除額は？

夫婦の所得税額がそれぞれ**28**万の場合	所得税から1人14万円が控除され、合計控除額は**28**万円
それぞれ**20**万の場合	所得税から1人14万円が控除され、合計控除額は**28**万円
それぞれ**14**万の場合	所得税から1人14万円が控除され、合計控除額は**28**万円

2人で控除を受けるほうが
多く戻ってくることも

注目キーワード

【途中で転勤になった場合】

住宅ローン減税の適用を受けている人が転勤になった場合、国内の転勤で単身赴任であれば引き続きローン減税の適用は受けられる。家族全員での引っ越しの場合、届出により転勤期間中は適用されないが、控除期間中に戻ってくると、残りの期間は適用される。

QUESTION 65

マイホームに関わる税金

住宅ローン減税の手続きは？

Q

所得税が節税できる住宅ローン減税。
ぜひ利用しなくてはもったいないですよね。
でも、手続きは、どうしたらいいのでしょう？
書類の手配なども必要ですか？

A

星子さん　**住宅ローン減税**には、どんな手続きが必要ですか？

菊地さん　住宅ローン減税の適用を受けるためには、入居の翌年に**確定申告**が必要です。

星子さん　13年間毎年申告することになるのですか？

菊地さん　給与所得者の場合は、最初の1年目に確定申告をすれば、2年目以降からは会社の年末調整で受けられるんですよ。ただし、個人事業主や自営業の人など、普段から確定申告で所得税の申告をしている人は、毎年申告することになりますね。

星子さん　申告は難しいですか？

菊地さん　大丈夫です。必要書類をそろえて税務署に持っていけば、ていねいに教えてくれますし、最近はe-Taxでインターネット申告もできるようになりました。ぜひ、試してみてください。

星子さん　必要書類の注意点は？

菊地さん　住民票や土地建物の全部事項証明書などは、市役所や法務局等に取りに行く必要があるので、申告書を提出する前に確認しましょう。

ここがポイント！

Point 01　住宅ローン減税の適用を受けるには確定申告が必要。

Point 02　給与所得者でも、1年目は確定申告が必要。2年目以降は勤め先の年末調整で還付が受けられる。

Point 03　申告にはいろいろな書類が必要。必要書類を確認しておくとよい。

住宅ローン減税の申告に必要な書類を確認しよう

取りに行く書類

<税務署>
確定申告の用紙一式

<市町村役場・区役所など>
住民票

<法務局など>
土地建物の全部事項証明書

金融機関から届く書類

住宅ローンの
年末残高等証明書(※)

持っている書類

工事請負契約書または
売買契約書のコピー(※)
源泉徴収票

※ 2024年以降に入居した場合は、確定申告書への添付は不要

書類がそろったら入居の翌年3月15日までに確定申告

↓

税務署

注目キーワード

【住宅ローン減税の申告時期】

所得税の確定申告は翌年の2月16日～3月15日の1カ月が申告時期だが、住宅ローン減税で所得税の還付を受ける場合は1月からでも申告が可能。また、サラリーマンなど確定申告をしていない人は、還付申告は課税対象期間の翌年から5年後まで申告可能。

QUESTION 66

マイホームに関わる税金

親からの資金援助。注意することは？

Q

実家の両親から「頭金にしなさい」と
資金援助が受けられそうです。
その場合、注意しておくことはありますか？
贈与税などが心配なのですが。

A

菊地さん　資金援助はもらえそうですか？

星子さん　まだわからないんです。

菊地さん　1年間の**基礎控除額**は110万円なので、受け取り側で110万円以下ならば**贈与税**の心配はないですが、110万円を超えると贈与税がかかってきます。

星子さん　贈与税ですか。これは、もらった人が納めるんですか？

菊地さん　星子さんがご両親から資金援助を受けたら、星子さんが贈与税を納めることになります。

星子さん　110万円を超える場合、節税対策はないのですか？

菊地さん　いくつかあります。親や祖父母からの住宅取得のための資金援助は、2024年の贈与の場合、省エネ等住宅で最高1000万円、それ以外の住宅では最高500万円まで贈与税非課税です（※1）。

星子さん　他にはありますか？

菊地さん　**相続時精算課税制度**といって、60歳以上の祖父母と親からの生前贈与が2500万円までなら贈与税が非課税となる制度もあります。

ここがポイント！

Point 01　親子間、夫婦間での贈与も、基礎控除の年間110万円を超える分は贈与税がかかってくる。

Point 02　親・祖父母からの住宅資金贈与は、最高1000万円（2024年の場合）の贈与税非課税制度がある。

Point 03　親等からの生前贈与は、2500万円まで贈与税がかからない相続時精算課税制度がある。

※1 非課税枠については181頁の表を参照

親や祖父母からの頭金の援助。どんな贈与税対策がある？

2024年1月から2026年12月に住宅取得のための贈与をした場合

贈与が110万円以下	基礎控除内なので贈与税はかからない
贈与が1110万円（※2）以下	親や祖父母からの住宅取得のための資金贈与で、贈与される人の合計所得金額が2000万円（給与のみの場合約2195万円）以下なら贈与税は非課税（申告が必要）
贈与が1110万円（※2）超	親等からの生前贈与で相続時精算課税制度を選択した場合、贈与税は2500万円まではかからない（申告が必要。場合によっては節税にならないので税理士に相談を）

※2 断熱等性能等級5以上かつ一次エネルギー消費量等級6以上の住宅の購入なら1110万円。それ以外の住宅の購入なら610万円

贈与を受けた場合は、住宅の名義に注意が必要です。たとえば、妻の親からもらった資金を頭金にしたのに、住宅を夫だけの名義にすると、妻の親からの資金は夫への贈与となります。この場合、住宅取得等資金の非課税制度や相続時精算課税制度の適用を受けられないので、夫は贈与税を納めることになります。

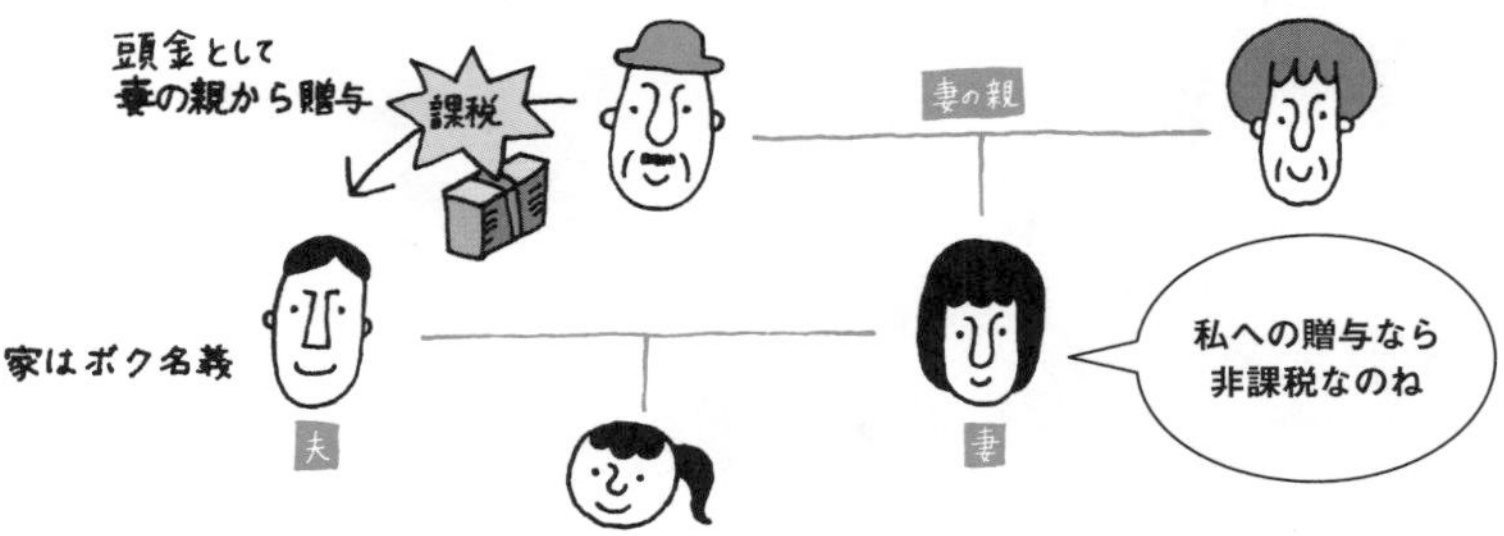

注目キーワード

【相続時の課税】

相続時精算課税制度によって贈与された財産の価額は、相続時に相続財産に加算して相続税の計算をすることになる。このため、贈与税はかからなくても、トータルでみて節税にはならないことも。この制度は、利用する前に必ず税理士に相談しよう。

QUESTION 67

マイホームに関わる税金

1000万円までの贈与税非課税の効果は？

Q

親や祖父母から資金援助をしてもらった場合、省エネ等住宅の購入であれば1000万円までは贈与税が非課税ですよね？
贈与税が非課税になる効果は高いんですか？

A

星子さん　祖父母や両親からの資金援助が１０００万円くらいありそうなのですが、この場合、贈与税ってどれくらいかかるものなんでしょう。

菊地さん　１０００万円を贈与された場合は、通常の課税では１７７万円が贈与税額になってしまいますね。

星子さん　では、両親から１０００万円をもらっても、８２３万円しか使えないんですか？

菊地さん　そうなんです。ご両親や祖父母からの資金援助を有効に活用するためにも、住宅取得資金について贈与税が非課税になる制度は、積極的に利用する価値があるでしょう。

星子さん　手続きはどうすればいいのですか？

菊地さん　贈与を受けた年の翌年の２月１日から３月15日までの間に、税務署に申告をする必要があります。戸籍謄本（市役所や区役所）や家の全部事項証明書（法務局）などが必要になるので、書類の準備は早めにしておくようにしましょう。

ここがポイント！

Point 01　親や祖父母からの110万円超の住宅資金援助は、贈与税非課税の制度を利用しなければ課税対象に。

Point 02　非課税の適用を受けるためには、贈与の翌年2月1日から3月15日までの間に税務署への申告が必要。

Point 03　申告には戸籍謄本や全部事項証明書、計算明細書などが必要。税務署に必要書類を問い合わせておこう。

1000万円まで贈与税非課税になる制度を知っておこう

この制度を利用した場合の贈与税の非課税枠
(2024年1月〜2026年12月の間に贈与した場合)

直系尊属から住宅取得資金の贈与を受けた場合の非課税枠 1000万円(※1)	＋	基礎控除額 110万円	＝	1110万円

※1 断熱等性能等級5以上かつ一次エネルギー消費量等級6以上の住宅の場合。それ以外の一般住宅の場合は500万円

非課税の限度額一覧表

贈与時期	①省エネ等住宅(※2)	②①以外の住宅
2024年1月〜2026年12月	1000万円	500万円

※2 2023年12月31日以前に建築確認を受けたもの、または2024年6月30日以前に建築されたものであれば、断熱等性能等級4以上または一次エネルギー消費量等級4以上の住宅の場合

贈与税非課税の主な適用条件

贈与される人

- 贈与を受けた年の1月1日に18歳以上
- 合計所得金額2000万円以下
  (給与のみの場合約2195万円以下)

贈与する人

- 父母や祖父母などの直系尊属

贈与された人が取得した家

- 贈与を受けた翌年3月15日までに贈与された資金で取得し、入居
- 登記簿上の床面積50㎡以上(※3)240㎡以下
- 床面積の1/2以上が居住用
- 中古住宅の場合、新耐震基準に適合している住宅(登記簿の建築日付が1982年1月1日以降の住宅)であることが必要
- リフォームの場合はリフォーム費用100万円以上等

注目キーワード

【土地を買って家を建てる場合】

2010年までは建築条件付き契約で土地を買う等、土地と建物の取得がセットでなければ土地分の贈与に特例が適用されなかった。しかし、2011年度の税制改正では土地分も一定の条件で特例対象となっている。

※3　2024年1月1日以降の贈与で、かつ受贈者の合計所得金額が1000万円以下の場合は40㎡以上

QUESTION 68

マイホームに関わる税金

相続時精算課税制度ってどんな制度？

Q

親から資金援助を受けたとき
2500万円まで贈与税がかからない
相続時精算課税制度とはどんな制度ですか？

A

菊地さん　**相続時精算課税制度**というのは、親の生前中に贈与してもらった財産が、累計２５００万円になるまでは贈与税がかからない制度です。

星子さん　住宅取得のための資金贈与が対象ですか？

菊地さん　祖父母または親の年齢が贈与年の１月１日で60歳以上であれば、使い道は自由です。現金だけでなく、不動産や株券などの贈与にも適用されます。

星子さん　では、住宅取得資金の贈与限定ではないのですね？

菊地さん　はい。住宅を取得してしまってから家具の購入費用を援助してもらったり、住宅ローンの返済を肩代わりしてもらっても、累計２５００万円までは贈与税はかかりません。ただし、２５００万円を超えた部分からは贈与税がかかります。

星子さん　２５００万円は大きいですね！　でも、親の年齢によっては使えないんですよね。

菊地さん　一定の要件を満たす住宅取得資金の贈与であれば、60歳未満でも適用できます。

ここがポイント！

Point 01 | 親からの生前贈与2500万円までは贈与税がかからないのが、相続時精算課税制度。

Point 02 | 相続時精算課税制度では、現金に限らず、株券などの有価証券、不動産なども対象。

Point 03 | 2500万円を超えた分には贈与税がかかる。また、相続発生時には相続税の課税対象となる。

相続時精算課税制度ってどんな仕組みか知っておこう

生前贈与の金額が2500万円以下なので
相続時精算課税制度を選択すると
贈与税はかからない

2000万円の贈与
贈与税ゼロ

累計2500万円を超えたので、
以降の生前贈与には
一律20%の贈与税がかかる

1000万円の贈与
500万円までは贈与税ゼロ。 累計2500万円を超えた分は20%の課税。
贈与税100万円

相続が発生
これまでに親から受けた生前贈与の累計3000万円を、 相続財産に加算して相続税を計算。 ただし、贈与税を100万円納めているので 相続税額から100万円をマイナスした金額が納税額。

相続時精算課税制度には祖父母または親が60歳以上、子ども18歳以上という年齢要件があります。ただし、住宅取得資金の贈与の場合は、2026年12月末の贈与までは親の年齢制限がなく、60歳未満の親からの贈与でも相続時精算課税の対象になります。

注目キーワード

【相続時精算課税制度選択の前に】

1000万円の非課税制度（180頁）は110万円の基礎控除または相続時精算課税制度との併用が可能。1110万円以下の贈与なら1000万円の非課税制度の利用がおすすめ。1110万円超なら、110万円の基礎控除と相続時精算課税制度のどちらにするか検討が必要。

QUESTION 69

マイホームに関わる税金

相続時精算課税制度の注意点は？

Q

もしも、実家の両親から
1200万円を超える頭金の援助がもらえたら
相続時精算課税制度を検討するつもりです。
利用する前に知っておくべき注意点はありますか？

A

菊地さん　注意点は、「非課税ではない」ということです。相続時には生前贈与された財産の価額が相続財産に加算されます。

星子さん　えっ、それでは節税にはならないんですか？

菊地さん　２０１５年１月１日からは相続税の基礎控除が引き下げられ、税率が上がったので、将来、**相続税**が発生しそうな方にとっては、節税になるかどうか判断が難しいところです。とはいえ、相続税は基礎控除額が大きいですから、相続税が発生しない多くの人にとっては、**相続時精算課税制度**は贈与税を節税できるメリットが大きいんですよ。

星子さん　なるほど。

菊地さん　もうひとつ。２０２３年の税制改正により相続時精算課税制度選択後、その贈与者からの２０２４年１月１日以降の贈与は現在の暦年贈与に係る基礎控除とは別に１１０万円の**基礎控除**が使えることになります。

星子さん　それならば今までよりも相続時精算課税が使いやすくなりそうですね。

ここがポイント！

Point 01　将来、相続税が発生しそうなら、相続時精算課税制度が節税に有効かどうか税理士に相談しよう。

Point 02　相続税の心配がない場合、相続時精算課税制度は親から贈与を受ける際のメリット大。

Point 03　相続時精算課税制度選択後は、その贈与者からの贈与は 110万円以下ならば課税されない(※ 1)。

※1 2024年1月1日以降の贈与

相続時精算課税制度を選択しても、相続税は課税対象（※2）

※2 贈与財産は相続時に相続財産に加算される

生前贈与2500万円までは贈与税はかからない

↓

知っておきたいポイント1

2024年1月1日の贈与から
その贈与者からの贈与にも110万円の基礎控除が使える。

知っておきたいポイント2

生前贈与された財産に相続税がかかる場合、贈与されたときの時価で計算される（※2）。そのため、建物や株券などが贈与後、値下がりしたために相続時のほうが安くなっても、贈与時の高い評価額になる。

相続税は基礎控除額が大きい

亡くなった人の財産 ＋ 相続する人が相続時精算課税制度で贈与された財産（贈与時の評価額（※2））	＞	相続税の基礎控除額 3000万円 ＋ （600万円×法定相続人の数）	＝	相続税は発生しない

たとえば、夫が亡くなって、妻と子ども1人が法定相続人の場合、相続税の基礎控除額は【3000万円＋(600万円×2人)】なので4200万円。相続財産の評価額が4200万円以下なら相続税は発生しないので申告も納税も不要です。

注目キーワード

【相続時精算課税制度のその他の注意点】

相続時精算課税制度の選択後でも、その贈与者からの贈与については2024年1月1日以降ならば110万円の基礎控除が使えるようになる。ただ、一度この制度を選択すると撤回ができない。自分にとって、ほんとうに有利な制度かどうかは、税理士に相談したほうがいい。

※1　2024年1月以降に、災害により相当の被害を受けた場合には、贈与時価額から災害により被害を受けた金額を控除した金額となる

QUESTION 70

マイホームに関わる税金

親から資金を借りるときの注意点は？

Q

頭金を親からもらうのではなく
「借りる」という可能性も出てきました。
その場合、贈与税は関係してきますか？
注意しておくべきポイントを教えてください。

A

星子さん　親から資金をもらうのではなく、借りる場合、返していくわけですから**贈与税**の対象にはなりませんよね？

菊地さん　借りるのであれば贈与税は関係ないのですが、親子間の貸し借りは返済が曖昧で、「借りても結局返していない」ということになりがち。返済しなければ贈与とみなされる可能性がありますから、きちんと返済すること。返済は手渡しではなく金融機関の口座に振り込むなど返済履歴を残しておくことが大切です。

星子さん　「返済する」といっても、「そのうちそのうち」とズルズルと返さずにいるのは課税対象になるんですね。

菊地さん　そうですね。他にも気をつけたいポイントがあります。

星子さん　教えてください！

菊地さん　親子間の貸し借りであっても**借用書**や**金銭消費貸借契約書**などを作りましょう。なお、契約書などには印紙も必要です。他に、一定の金利をつけること、親の年齢を考えて返済期間を設定することなどがポイントです。

ここがポイント！

Point 01　親子間の借り入れは返済が曖昧になりがち。贈与とみなされないよう注意しよう。

Point 02　借りた以上、必ず返済。金融機関への振り込みにするなど、返済している証拠を残すこと。

Point 03　金利や返済期間を常識的な範囲で設定し、借用書などで返済計画を明文化しておこう。

親から借りた資金を贈与とみなされないためのポイント

借り入れの内容や返済計画を書面に残しておくこと

親子なのに水臭い、と思わずに借入金額や金利、返済期間、返済方法を記入した「借用書」などを作成しておきたい。手書きの簡単なもので十分。借入金額に応じた印紙は必要です。

低すぎる金利も課税対象。0.2%程度の金利を設定すること

金利ゼロや、極端に低い金利しか設定していないと、借りた人に経済的な利益が生じるため贈与税の課税対象になる場合が。少なくとも0.2%程度の金利を設定した金額を返済していくのが安心。

定期的に返済し、返済の証拠を残すこと

借りてから返済まで1年も2年も間を空けたりせず、借りた翌月から定期的に返済すること。親の銀行口座に振り込むなど、返済履歴を明確に残しておくことも大切。

親の年齢を考えて常識的な返済期間を設定すること

例えば、親が70歳なのに返済期間を35年にすると、完済時には親は100歳を超えることになる。これでは常識に反するため、親が80歳くらいまでには完済できる返済期間を設定したい。

住宅ローンを借り、
さらに親からも借りるなら、
両方の返済額が毎月いくらになるかを考えて、
返済に無理のない範囲で
借入額を決めましょう

注目キーワード

【親から借りるメリット・デメリット】

親から借りる場合、金融機関のように審査がないなどがメリット。ただし、住宅ローン減税が適用にならない。口座引き落としができないので自分で確実に返済していく意思の強さが必要といえる。

COLUMN

「税金のことは、難しくて不安…」そんなときは、税金のセミナーや税理士への相談を活用

「税金の控除を受けるための条件を満たしているのか」「どんな書類をそろえればいいのか」「申告用の書類にはどう記入すればいいのか」など、家を持つと関わってくる税金については、わからないことがたくさんで不安になるのも当然です。

家の引渡しまでにどんな税金がいくらくらいかかるのかは、ハウスメーカーや工務店、不動産会社の担当者に目安をたずねておくと安心。

また、確定申告など各種申告については、ハウスメーカーや不動産会社が勉強会やセミナーを開いたり、税理士を紹介してくれたり、というケースもあります。また、個人相談を受け付けている税理士事務所や、市町村役場などの無料の相談会もあります。もちろん、税務署でもさまざまな疑問に答えてくれます。

わからないことが出てきたら、税金の専門家に相談するのがおすすめです。

わからないことは税金のプロに相談

税理士は税金のプロ。ハウスメーカーや不動産会社が紹介してくれることも

税金に関する勉強会を開くハウスメーカーや不動産会社も。積極的に参加してみよう

COLUMN

質の高い住宅取得と子育て世帯や移住者を応援する【フラット35】の金利引き下げ

2022年４月より維持保全・維持管理に配慮した住宅や既存住宅の流通に資する住宅取得に対する金利引き下げメニュー、「【フラット35】維持保全型」がスタートし、さらに、2022年10月より【フラット35】の金利引き下げが以下の通りポイント制に変わりました。また、【フラット35】Sの基準の見直しや、地域連携型（子育て支援）の金利引き下げ期間拡大が行われ、さらに2023年4月以降には脱炭素社会の実現に向けて、新築住宅における【フラット35】の省エネ技術基準の見直されるなど、今後も質の高い住宅取得と子育て世帯や移住者を応援する改変が見込まれます。

利用条件などの詳細はフラット35サイト(www.flat35.com）および地方公共団体などで確認しましょう。

【フラット35】地域連携型・地方移住支援型の金利引き下げプラン

1. 住宅性能で選ぶ

【フラット35】S(ZEH)	3ポイント＊	【フラット35】リノベ(金利Aプラン)	4ポイント
【フラット35】S(金利Aプラン)	2ポイント＊	【フラット35】リノベ(金利Bプラン)	2ポイント
【フラット35】S(金利B プラン)	1ポイント		

2. 管理・修繕で選ぶ(【フラット35】維持保全型)

長期優良住宅	1ポイント＊	安心R住宅	1ポイント
予備認定マンション	1ポイント	インスペクション実施住宅	1ポイント
管理計画認定マンション	1ポイント	既存住宅売買瑕疵保険付保住宅	1ポイント

＊長期優良住宅の認定を受けている場合、「1. 住宅性能で選ぶ」「2. 管理・修繕で選ぶ」のそれぞれの該当するポイントの合算になる

注:「2. 管理・修繕で選ぶ」の項目について、「1. 住宅性能で選ぶ」で【フラット35】リノベを選択した場合、併用不可

3. エリアで選ぶ

【フラット35】地域連携型		【フラット35】地方移住支援型	
子育て支援・空き家対策	2ポイント	地方移住支援型	2ポイント
地域活性化	1ポイント		

注:地方移住支援型は単独利用時、下記の金利引き下げ適用によらず、当初10年間マイナス0.3%が適用される

●合計ポイント数に応じて金利引き下げ(上記１～３グループごとに1つのみ適用可)

合計ポイント数	1ポイント	2ポイント	3ポイント		4ポイント
金利差	マイナス0.25%	マイナス0.25%	マイナス0.5%	マイナス0.25%	マイナス0.5%
期間	当初5年	当初10年間	当初5年	6年目～10年目	当初10年間

INDEX

知ってトクする70の新常識

住宅ローン＆マイホームの税金が スラスラわかる本 2024

2024年2月2日　初版第1刷発行

監　修　西澤京子・菊地則夫

発行者　三輪浩之

発行所　株式会社エクスナレッジ
〒106-0032 東京都港区六本木7-2-26
https://www.xknowledge.co.jp/

● 問合せ先
編集　TEL 03-3403-1381 / FAX 03-3403-1345
info@xknowledge.co.jp
販売　TEL 03-3403-1321 / FAX 03-3403-1829